图解

八段锦、五禽戏、易筋经、六字诀与马王堆导引术

● 灌木体育编辑组 编著

人民邮电出版社

北京

U0692180

图书在版编目（CIP）数据

图解八段锦、五禽戏、易筋经、六字诀与马王堆导引术 / 灌木体育编辑组编著. -- 北京 ：人民邮电出版社，2025. -- ISBN 978-7-115-66958-2

Ⅰ. G852-64；R247.4-64

中国国家版本馆 CIP 数据核字第 2025VW6012 号

免 责 声 明

本书内容旨在为大众提供有用的信息。所有材料（包括文本、图形和图像）仅供参考，不能用于对特定疾病或症状的医疗诊断、建议或治疗。所有读者在针对任何一般性或特定的健康问题开始某项锻炼之前，均应向专业的医疗保健机构或医生进行咨询。作者和出版商都已尽可能确保本书技术上的准确性以及合理性，且并不特别推崇任何治疗方法、方案、建议或本书中的其他信息，并特别声明，不会承担由于使用本出版物中的材料而遭受的任何损伤所直接或间接产生的与个人或团体相关的一切责任、损失或风险。

内 容 提 要

本书按照起源与发展、锻炼功效、基础功法和完整套路的讲解路径，分别对八段锦、五禽戏、易筋经、六字诀和马王堆导引术五种健身功法进行了讲解。其中，在基础功法方面，本书对基础手型、基础步法、基础桩功和呼吸方法等进行了详细讲解。在完整套路方面，本书采用图文结合的方式，对不同健身功法的动作步骤、呼吸方法、动作要点和常见错误等细节进行了讲解。此外，本书免费提供了不同健身功法的分段讲解视频和完整跟练视频，以帮助读者正确锻炼，改善身体素质。本书适合传统健身功法爱好者阅读。

◆ 编　　著　灌木体育编辑组

责任编辑　刘　蕊

责任印制　彭志环

◆ 人民邮电出版社出版发行　　北京市丰台区成寿寺路 11 号

邮编　100164　电子邮件　315@ptpress.com.cn

网址　https://www.ptpress.com.cn

北京九天鸿程印刷有限责任公司印刷

◆ 开本：700×1000　1/16

印张：10.75　　　　　　　　　　2025 年 7 月第 1 版

字数：202 千字　　　　　　　　2025 年 7 月北京第 1 次印刷

定价：42.00 元

读者服务热线：（010）81055296　印装质量热线：（010）81055316

反盗版热线：（010）81055315

目录

【第一章 八段锦——调和身心，延年益寿】

〖第二章 五禽戏——取法自然，内外兼修〗

【第三章 易筋经——内强精气，外健筋骨】

【第四章 六字诀——声韵之道，滋养脏腑】

【第五章 马王堆导引术——导气令和，引体令柔】

八段锦

——调和身心，延年益寿

一 ‖ 八段锦的起源与发展

八段锦是一种源远流长的中国传统健身功法。
八段锦到底是何时何人所创，目前尚无定论。
随着时间的推移，八段锦不断演变，
从简单的坐式发展到多样化的站式动作。
八段锦融合了丰富的养生哲学，
不仅在中国深受人们喜爱，
还在全球范围内广泛传播，
成为追求健康生活人士的重要选择。

【 八段锦的起源 】

庄子主张模仿自然生物的动作来养生,以追求健康长寿,并将这些追求健康与长寿的人称为"道引之士"和"养形之人"。八段锦,作为导引术的一种,其根源深植于《黄帝内经》和中国的传统养生文化之中,目的在于维护健康和延长寿命。

在《黄帝内经·素问·异法方宜论》中,讨论了不同地区居民因生活习惯和环境差异,容易患上不同的疾病,需要采取不同的治疗方法。其中,导引术被列作五种治疗方法之一。它既有助于日常养生,也能促进疾病的康复。八段锦的动作设计,如"两手托天理三焦"和"摇头摆尾去心火",都体现了这一双重功效。

马王堆汉墓出土的《导引图》展示了 44 个动作,有些动作与现代八段锦相似,显示出八段锦有着深远的文化渊源。根据南宋洪迈《夷坚志》的记载,宋徽宗的皇帝言行记录官李似矩,热衷于练习从方士那里学来的熊经鸟伸之术,并在夜间进行呼吸练习和按蹻推拿。他所练习的这种方法被称为"八段锦",这是"八段锦"名称的首次明确记载,说明八段锦在宋代已成型并已在民间传播。

【 八段锦的发展 】

八段锦分为站式和坐式两种练习方式,其中坐式八段锦历史悠久,相关文献颇为丰富。据《夷坚志》记载,李似矩所修习的正是坐式八段锦。明代文献《正统道藏·修真十书·杂著捷径卷之十九》中详细记载了"钟离八段锦法",其习炼要领包括闭目静坐、默念心神、轻叩牙齿、双手环抱、轻摇身体、漱口生津、分次吞咽、闭气搓手、按摩背部等动作,旨在通过一系列细致的呼吸与动作配合,达到调和身心、强身健体的效果。

这些动作不仅要求身体的协调,还强调内在气息的流转,以及通过特定的呼吸技巧来激发身体的内在能量。练习者在完成一系列动作后,会感到身体的各个脉络得到调整，气血流通更加顺畅。此外，这些练习还被认为是抵御疾病、增强身体抵抗力的有效手段。

站式八段锦的历史渊源虽不逊于坐式八段锦，但其名称与动作的规范化却历经了漫长的岁月。直至晚清时期，站式八段锦才真正迎来了它的鼎盛时期。《新出保身图说·八段锦》一书中，不仅绘制了"八段锦图"，还附有详细的解说：双手托天以调和三焦；左右开弓模仿射雕之姿；单臂高举以调理脾胃；回顾身后以疗愈五劳七伤；摇头摆尾以驱散心火；背后七颠以消除百病；紧握拳头以增强气力；双手攀足以强健肾腰。这部作品首次将导引术正式命名为"八段锦"，并以歌谣的形式将功法的名称、内容等固定下来，同时对每一式的练习方法和效果进行了简要阐述。

随着时间的推移，无论是坐式还是站式八段锦，都迎来了快速的发展，并在近年获得了广泛的群众基础和传播。作为穿越多个朝代传承至今的健身气功，八段锦无疑已成为中国传统文化和养生体育中的一个标志性符号，深受人们的喜爱和推崇。

二 八段锦的养生功效

八段锦通过一系列动作和呼吸技巧来提升身体的健康程度，以达到养生的效果。这套练习不仅能锻炼身体，也能滋养心灵，对提升身心健康有多种益处。

【 调养身心，内外兼修 】

人体的身和心既相互独立又紧密相连。中医强调身心一体的治疗理念，认为心理状态对身体机能有着直接影响，反之亦然，身体状态也能影响情绪和心理健康。

《黄帝内经》中指出，心是五脏六腑的主宰，情绪的波动会对身体产生影响。保持心态的平和，可以帮助人体身体机能保持正常，从而达到健康和谐的状态。

练习八段锦，不仅能够锻炼身体，还能够修炼内心，使人达到内外兼修的效果。通过专注的呼吸和流畅的动作，练习者可以排除杂念，心无旁骛，收获内心的平和与宁静，即使在忙碌的现代生活中也能找到身心的平衡点。

〖 培补精气，神韵饱满 〗

八段锦还能培养人体内在的精气神。当人体精力充沛时，人们感到活力四射；反之，则可能感到疲惫无力。通过练习八段锦，人体的活力得到提升，精气神也会更加饱满。

《黄帝内经》中提到"呼吸精气，独立守神"强调了呼吸与精神集中的重要性，这与八段锦的练习理念不谋而合。练习八段锦时，呼吸与动作的协调是关键。初学者可以从自然呼吸开始，随着练习的深入，可以尝试更深层次的呼吸技巧，如"逆腹式呼吸法"。

此外，八段锦强调"力发于脚、主宰于腰、行于手臂"的原则，以腰部作为身体的中枢，协调全身动作。

〖 强化心肺，充盈气血 〗

八段锦能通过特定的呼吸技巧，强化心肺功能，使练习者气血更加充盈。

在练习八段锦的过程中，通过逆腹式呼吸法，能提升呼吸效率。这种呼吸方式有助于让肺部的气体更充分地与外界空气进行交换，从而增强人体的"吐故纳新"的能力。

从中医的角度来看，肺被视为人体的保护屏障，而现代医学也证实了肺功能的正常运转对于维持整体健康至关重要。逆腹式呼吸法能够增强肺活量，提高氧气的摄取效率，进而改善血液循环，使气血更加充盈。

【 强化脏腑，滋养本源 】

日常生活中，无论是工作还是休息，我们的五脏六腑都在不停地工作，以维持我们的生命活动。然而，这些重要的器官往往缺乏有效的放松和按摩，长期下来可能会导致健康问题。八段锦通过特定的动作和呼吸技巧，可以帮助我们强化内脏功能。比如通过动作与逆腹式呼吸法的结合，可以对内脏产生一种温和的按摩效果，有助于促进消化系统的血液循环，增强脾胃的消化吸收能力，从而滋养身体的根本。

为了进一步提升这种按摩效果，我们可以在吸气结束和呼气结束时，尝试短暂"屏息"，以增加腹部压力，进一步促进内脏的血液循环。

【 终身养生，延年益寿 】

八段锦是一种简便易行的健身方式，它不需要特殊的场地或器械，各个年龄段的人都能够轻松地参与其中。

这套健身法的灵活性在于，练习者可以选择一整套动作进行练习，也可以根据个人喜好选择特定的动作进行练习。此外，练习者还可以根据自己的身体状况调整动作的难度和强度。这种方便性和实用性，使其成为一种理想的终身锻炼方式。通过持续的练习，练习者可以逐渐提高自己的身体素质，增强身体的抵抗力和适应力，提高生活质量，从而达到延年益寿的效果。

三 八段锦的基础桩功

基础桩功是八段锦入门的第一步。桩功是八段锦中静心养性、稳固根基的重要环节。桩功的修炼不仅能够增强腿部力量，有效促进气血循环，还能使练习者在静止的姿势中找到内外平衡，从而达到身心合一的境界。

抱元（抱球）桩

双脚打开，距离约同肩宽，双腿稍稍屈膝下蹲；双手环抱于身前，指尖相对。目视前方。

无极桩

站姿，双腿并拢；双臂垂放于身体两侧，双手自然贴于体侧，手腕放松，肩部放松；下颌回收，目视前方；双唇微闭，舌抵上腭。

扶按桩

双脚打开，距离略大于肩宽，双腿稍稍屈膝下蹲；同时双臂在身体两侧稍稍屈肘，双掌掌心向下，指尖向前，向下按掌至约同髋高。目视前方。

四 八段锦的功法演练

预备势

八段锦的功法演练结合了动与静、刚与柔，旨在促进身心健康。接下来的内容将带您体验八段锦的具体功法。

动作口诀

两足分开平行站，横步要与肩同宽，头正身直松腰腹，两膝微屈对足尖，双臂松沉掌下按，手指伸直要自然，凝神调息垂双目，静默呼吸守丹田。

一

双脚并拢站立，双臂下垂，双手自然贴在身体两侧；双肩放松，下颌内收；双唇轻闭，舌尖轻触上腭。

动作要点

腰背挺直，双膝伸直，脚尖朝前。

扫码学习

二

重心移向右脚,提左脚,向左跨一步,脚尖朝前,两脚距离约同肩宽。

三 吸气

双臂内旋,并沿身体两侧上抬,直至双臂与身体夹角约为 45°,掌心向后。

四 呼气

双腿轻轻弯曲下蹲,同时双臂外旋,收拢于身前,模仿抱球动作,手臂呈弧形,指尖相对,目光平视前方。

动作要点

下蹲时,双膝向前不能超过脚背。

功理作用: 保持身体端正,呼吸均匀,有助于集中注意力,增强对身体和动作的专注,帮助练习者快速进入练习的状态中。

第一式
两手托天理三焦

动作口诀

十指交叉小腹前，翻掌向上意托天，左右分掌拨云式，双手捧抱式还原，式随气走要缓慢，一呼一吸一周旋，呼气尽时停片刻，随气而成要自然。

一

接上式。双掌缓缓下落于小腹前，掌心向上，两臂弯曲呈弧形。目光平视正前方。

二 吸气

双掌在小腹前十指交叉，然后双腿慢慢伸直，恢复到站立姿势，与此同时，双臂弯曲肘部，将双手缓缓上抬，直至托起于胸前。

常见错误

耸肩，或双手没有从胸前垂直上托，或抬头程度不够。

三

双手由胸前开始直线上举至手臂完全伸展，同时双手掌心翻转向上。在此过程中，缓缓抬起头，看向双手。

动作要点

双掌上托时，肩部放松，力集中于掌根，掌根努力向上撑。

扫码学习

四 保持双臂的伸直状态，身体随之完全伸展开，下颌轻轻内收，目光平视前方。动作稍作停顿。

呼气

五 随着身体重心的缓缓下降，双臂也同步向身体两侧下落至与身体呈45°夹角。

六 双腿屈膝，双臂呈弧形，双手抱于腹前，掌心向上。本式动作可重复6次。

功理作用：上托动作可充分伸展四肢和躯干，结合呼吸，可增强身体的柔韧性。这个姿势有助于激活肩颈部的肌肉和结缔组织，促进该区域的功能恢复。此外，它还能扩展胸腔，对腹腔和盆腔内的器官产生温和的牵引和按摩效果，从而促进气血流通，增强内脏器官的活力和功能。

第二式
左右开弓似射雕

吸气

一

接上式。双腿屈膝后,重心移向右腿,接着左脚向左跨一大步,使双脚距离约为2倍肩宽,脚尖朝前,然后双腿伸直,重心上升。这个过程中,双手上抬至胸前,交叉,掌心朝向身体,右掌在内。

二

动作口诀

马步下蹲要稳健,双手交叉左胸前。左推右拉似射箭,左手食指指朝天。势随腰转换右式,双手交叉右胸前。右推左拉眼观指,双手收回式还原。

双腿稍稍弯曲,右手五指弯曲呈"虎爪",左手食指朝上,拇指展开,其余三指弯曲,呈"八字掌"。

常见错误

"八字掌""虎爪"的手型容易混淆或做错。

常见错误

脚尖常出现不朝向前方的错误。

扫码学习

呼气

三

双腿继续下蹲,成为宽马步。与此同时,左手水平向左推,直至左臂完全伸展开,手腕下压,掌心向左;右臂屈肘,右手水平右拉至右肩前。眼睛看向左手,动作稍作停顿。

动作要点

1. 双脚距离宽一些,下蹲为宽马步,并保持平稳。

2. 下蹲时,大腿不要低于膝盖高度,膝盖不要超过脚尖。

3. 双臂在一条直线上,不要耸肩。

4. 动作终末时段停闭呼吸,直至动作停顿结束。

常见错误

蹲马步时常会出现臀部后翘的情况。

四

重心稍稍提升,并转移至右腿,左腿伸展开。与此同时,右手向右上方摆动,变掌,再向右推出,直至右臂完全伸展开,手腕下压,掌心向右。目光随着右手的动作移动。

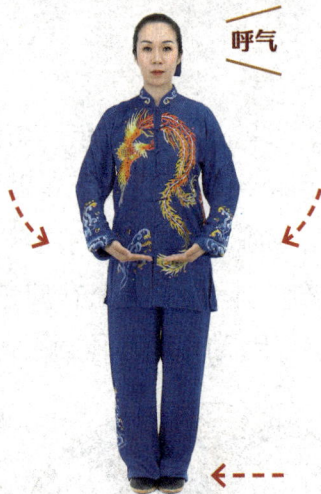

呼气

五

身体重心先移向右腿,然后左脚收向右脚,双腿完全伸展,并拢站立。与此同时,双手从身体两侧收向小腹前,双臂呈弧形,掌心向上,指尖相对。

动作要点

左脚收向右脚时,不要擦地。

然后进行右式动作,即步骤一至步骤五的右式动作。右式与左式动作相同,方向相反。本式可做3遍。

六

第3遍最后一个步骤,右脚向左脚收半步,使双脚距离约同肩宽,双腿屈膝下蹲。与此同时,双手从身体两侧收向小腹前,双臂呈弧形,掌心向上,指尖相对。

功理作用: 通过双手动作能加强上肢肌肉力量,并且让双腕更灵活;蹲马步能锻炼双腿肌肉,让下肢有力且稳定;通过左右转动头部,可以提升肩颈部位灵活性,活动颈椎,促进血液循环,预防并改善肩颈的紧张和疼痛,同时有助于矫正圆肩、驼背等不良体态;开弓动作有助于扩展胸腔,提升肺活量,提高呼吸效率。

第三式
调理脾胃须单举

动作口诀

双手重叠掌朝天，左上右下臂撑圆，左掌旋臂托天去，右掌翻转至脾关，双掌均沿胃经走，换臂托按一循环，呼尽吸足勿用力，收式双掌回丹田。

吸气

常见错误

容易横掌。

一

接上式。双腿逐渐伸直的同时，左臂内旋，左手上抬至左胸前，右臂内旋，右手下落至腹前，双手掌心均朝向身体。

动作要点

左手手指尖斜向上，右手手指斜向下，双手姿势如同抱着一个婴儿。

常见错误

左手中指尖没有和肩膀在一条垂线上。

二

左臂内旋，左手上抬至头顶左上方，掌根向上用力，掌心斜向上；右臂内旋，右手向下按至右胯旁。保持动作稍稍停顿。

动作要点

1. 动作终末时段停闭呼吸，直至动作停顿结束。

2. 双手划动流畅，且上撑、下按时，均力达掌根。

3. 动作终末停顿阶段，双臂微微弯曲呈弧形。

扫码学习

三 呼气

常见错误
双手上撑、下按后，没有沿原路返回。

双腿慢慢屈膝下蹲，与此同时，双臂外旋，双手均沿原路返回至腹前，在腹前捧掌，双手指尖保持约 10 厘米的距离。

然后进行右式动作，即步骤一至步骤三的右式动作。右式与左式动作相同，方向相反。本式可做 3 遍。

四

第 3 遍最后一个步骤做完后（即步骤二的右式动作），右臂外旋后，右掌向下按至髋部右侧，与左掌对称，掌心均向下。双腿稍稍屈膝，眼睛平视前方。

功理作用：通过双手交替向上推和向下压的动作，可以刺激腹腔，增进腹部器官的血液循环和活动，从而提升其功能；同时，这个动作还能拉伸脊柱，激活其周围肌肉和软组织，增强脊柱的灵活性与稳定性，有助于预防颈椎和腰椎相关疾病。

第四式
五劳七伤往后瞧

动作口诀

双膝伸直臂内旋，翻掌向上齐髋高，头应随手向左转，引气向下至涌泉，呼气尽时平松静，双臂收回掌下按，继续运转成右式，收式提气回丹田。

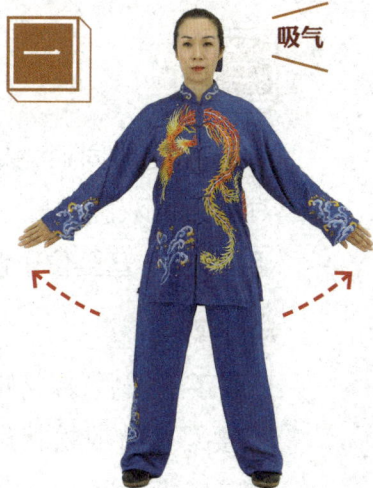

一 吸气

接上式。双腿逐渐伸直的同时，双臂内旋，双手指尖斜向下，掌心向后，沿身体两侧上抬至与身体夹角约为45°。

常见错误
常出现双臂没有内旋或内旋不充分的情况。

二

常见错误
转头速度过快。

常见错误
转头时上身容易跟随转动或后仰，致使双脚不稳。

双臂再外旋且充分伸展开，掌心向上。与此同时，慢慢向左转头，眼睛看向左后方。动作停顿片刻。

动作要点

1. 头部转动时，身体不要跟随扭转。
2. 双臂充分外旋，且充分拉伸。
3. 动作即将结束时停闭呼吸，直至停顿结束。

扫码学习

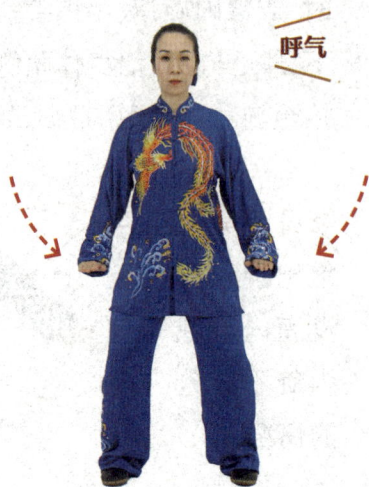

呼气

三

双臂内旋的同时,头部向右转,面对前方。双腿屈膝下蹲的同时,双手向下按,直至位于髋部两侧。

动作要点

1. 双手下按后,保持指尖向前。

2. 腰部保持放松状态,髋部向地面方向放松下沉。

然后进行右式动作,即步骤一至步骤三的右式动作。右式与左式动作相同,方向相反。本式可做3遍。

四

第3遍最后一个步骤时,双手手心向上,收向腹部前方,指尖保持约10厘米的距离。

功理作用: 转头的动作能够锻炼颈椎,增强其灵活性,促进颈椎健康;旋转手臂和伸展上肢的动作有助于放松身体,拉伸胸腔和腹腔区域,促进内脏的血液循环,改善其功能;将视线转向侧后方可以锻炼眼部肌肉,改善眼部健康状况。

第五式
摇头摆尾去心火

动作口诀

右蹲马步臂上撑，双掌落扶膝上边，头随呼气宜向左，双目却看右足尖，吸气还原接右式，摇头斜看左足尖，如此往返随气练，气不可浮意要专。

吸气

一

接上式。重心先移向左腿，然后右脚向右跨一步，双脚保持约2倍肩宽的距离，双腿充分伸直。同时，双手上托至胸前，双臂内旋，使掌心向外，再上托至头顶斜上方。

动作要点

双手上托后，双臂微微弯曲呈弧形，掌心斜向上。

二

呼气

双手沿身体两侧落下，手与肩平时，双腿弯曲下蹲为宽马步，双手轻轻扶在双膝上方，靠近大腿的位置。

常见错误

双手过于用力下按，导致身体不稳。

扫码学习

27

三

吸气

双腿稍稍伸膝，身体重心稍稍提升。

四

常见错误
上身向右倾斜时，颈部容易紧张。

重心移向右腿，左腿伸展但保持稍稍屈膝，上身向右倾斜约 45°，左臂跟随伸展开，保持右手轻放在右膝上。

呼气

五

常见错误
尾椎摆动僵硬，动作不协调。

双腿支撑身体稳定，上身向右前方下俯，同时眼睛看向右脚。

动作要点
做摇头、摆尾动作时，以摆尾为主，摇头动作配合进行，收紧腹部，身体要和谐，保持动作的流畅度。

常见错误
上身过于前倾，或没有含胸收腹。

六

重心移向左腿，左腿屈膝，右腿伸展但保持稍稍屈膝，上身向左画圆，右臂跟随伸展，左手放在左膝上。

七

吸气

尾椎依次推向右、前、左、后的方向，如此旋转一周，使身体重心回到双腿之间，双手轻扶在双膝上。尾椎转动的同时，下颌上抬，头部跟随向左、向后转，最后眼睛看向前上方。

呼气

八

下颌内收，尾椎恢复到中正位置，身体重心再次下降。

然后进行右式动作，即步骤一至步骤八的右式动作。右式与左式动作相同，方向相反。本式可做3遍。

九

第3遍最后一个步骤做完后，重心左移，右腿伸展；同时双臂外旋，双手上抬至侧平举，掌心向上。

十

十一

右脚向左脚收一小步（不要与左脚相贴），双腿充分伸展，双臂充分举至头顶，双手距离与肩同宽。

双手沿头部前方下落至胸前，然后双腿屈膝，同时双手继续下落至腹前，掌心向下，指尖相对。

功理作用：通过大幅度地弯腰和扭转身体，可以刺激内脏器官，改善其功能，特别是消化系统功能；头部的转动配合尾闾的摆动，能够有效活动脊柱及其周围的肌肉和软组织，提升脊柱的灵活性与稳定性，有助于预防颈椎和腰椎疾病的发生。

第六式
两手攀足固肾腰

动作口诀

两足横开一步宽，两手平扶小腹前，平分左右向后转，吸气藏腰撑腰间，式随气走定深浅，呼气弯腰攀足圆，手势引导勿用力，松腰收腹守涌泉。

一

接上式。双腿弯曲，重心下降，双肘贴向身体，双手向前摆，使指尖向前，双手距离约同肩宽。

二

吸气

身体站直，双手沿身前抬至头顶上方，手臂充分伸展开，掌心向前。

三

双臂外旋，使双手掌心相对。

四

呼气

双手沿头部前方下落至胸前，指尖相对，掌心向下。

扫码学习

五

吸气

双臂外旋,使双手掌心向上。

六

吸气

双肩向后侧打开,双手沿胸向两侧划至腋下,然后保持拇指在前,其余四指沿腋下穿向身后,指尖向后。

七

双手向后贴于背部,然后慢慢沿着脊柱两侧向下摩运至臀部后侧。

八

呼气

常见错误

上身前俯的时机容易出错,应在双手从臀部向下摩运时,上身前俯。

上身向前俯下的同时,双手继续向下摩运,经腿部后侧,到达双脚脚踝外侧,然后双臂内旋,双手跟随摩运至脚面,指尖向前。

动作要点

1. 向前俯身时,身体从颈部开始,依次到肩部、腰部,逐步放松。

2. 双腿一直保持伸直。

停闭呼吸

九

腰部向下凹,臀部向后翘,头部稍稍向上抬,接着双臂向前伸展,上身跟随抬起,与地面平行。

吸气

十

双手从身体前方举向头顶上方,掌心向前,身体跟随直立站起。眼睛平视前方。

动作要点

上身抬起时,手臂前伸,带动身体伸展抬起。

呼气

十一

本式可做6遍。第6遍完成后,双腿稍稍屈膝下蹲,双手从身体前方下按至腹部前方,指尖朝前。

功理作用:躯干的弯曲和伸展动作能够充分刺激脊柱及其周围的肌肉和软组织,拉伸腹部、背部及大腿后侧的肌肉,从而增强这些区域肌肉的力量,提高身体的稳定性,并且这些动作还能通过挤压来刺激内脏器官,以改善内脏功能;通过双臂的弯曲和伸展,以及手部的摩运动作,可以有效地活动肩关节和腕关节,增强上肢的灵活性。

第七式 攒拳怒目增气力

动作口诀

马步下蹲眼睁圆,双拳束抱在腰间,拳引内气随腰转,前打后拉两臂旋,吸气收回呼气放,左右轮换眼看拳,两拳收回腰侧抱,收脚按掌式还原。

吸气

一

接上式。重心先移向右腿,双腿微微弯曲,接着左脚向左迈一大步,脚尖向前,呈宽马步。双腿变化的同时,双手握固(拇指贴向掌心无名指指跟处,其余手指屈曲握紧),收向腰间。眼睛平视前方。

动作要点

1. 可以根据个人身体条件来调节马步的高低。马步状态要求脚尖向前,双膝不能超过脚尖。

2. 双手握拳时,肩部放松,肘部尽量下压。

呼气

常见错误

出拳速度太快、出拳时耸肩或上身前俯。

二

双脚脚趾牢牢抓地,以保持身形稳定,左手慢速向前出拳,同时逐渐增加握拳力度。出拳过程中,保持瞪目,看向左拳。

动作要点

出拳时,肘与小臂要贴身。

扫码学习

三

左手五指张开变为掌,指尖朝向前方。然后左臂内旋,使掌心朝向身体左侧。

四 停闭呼吸

常见错误
旋腕顺序混乱。

五 吸气

左腕内旋后,再依次向上、向外、向下旋转,共旋转腕部一周,使掌心向前,然后握固,拳心向上。

左拳慢慢收向腰间,且目光跟随左拳动作而转动。等收拳完成后,看向前方。

然后进行右式动作,即步骤二至步骤五的右式动作。右式与左式动作相同,方向相反。本式可做 3 遍。

六

七

做完第3遍后,双腿伸直,左脚向右收一步,双脚并拢,眼睛平视前方。

双臂自然伸展于身体两侧,同时双拳变掌。

功理作用: 通过紧握拳头和出拳的动作可以增强上肢的肌肉力量,也能促进脊柱扭转,提升脊柱灵活性;脚趾抓地的动作能够刺激足底的神经,促进血液循环;瞪目的动作,可以锻炼眼部肌肉,有助于提高视力;旋转手腕的动作能够充分活动腕关节。

第八式
背后七颠百病消

动作口诀

两腿并立撇足尖，足尖用力足跟悬，呼气上顶手下按，落足呼气一周天，如此反复共七遍，全身气走回丹田，全身放松做颠抖，自然呼吸态怡然。

提肛吸气

常见错误
容易耸肩，导致重心不稳。

一

接上式。头部尽量向上拔的同时，双脚脚跟尽量向上踮起，脚趾牢牢抓地，收腹。保持动作停顿片刻。

动作要点
头颈正直，双肩放松，眼睛平视前方。

落肛呼气

常见错误
周身过于放松而导致背不直。

二

保持身体放松的情况下，双脚脚跟下落，并轻轻震击地面。动作停顿片刻。这样重复踮脚、落脚 7 次。

动作要点
落脚动作缓慢，力度不要过大。

功理作用： 踮脚能提升小腿力量和身体的平衡性；落脚时产生的轻微震动可刺激下肢关节和脊柱，帮助它们得到放松，并缓解全身肌肉的紧张状态。

扫码学习

收势

扫码学习

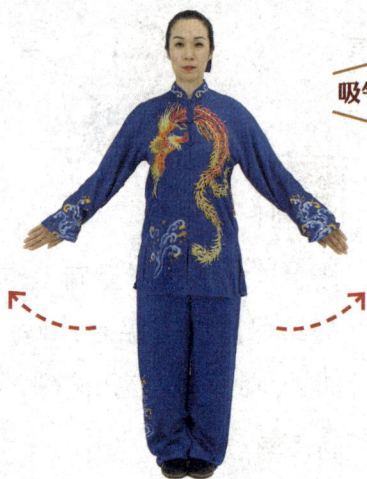

吸气

常见错误
抬臂时双臂
没有内旋。

一

接上式。双臂内旋,并向两侧抬起,与身体夹角约为45°,掌心向后。

二

呼气

常见错误
双手内外顺序
放错。

三

自然呼吸

双手在腹前交叠,女性左手在外,男性右手在外。保持静养一段时间。

静养结束后,双手收向身体两侧,眼睛平视前方。

功理作用: 通过调整呼吸,帮助身体放松,从练习状态平稳地过渡到日常状态。

第二章

五禽戏

—— 取法自然，内外兼修

一 五禽戏的起源与发展

五禽戏,作为流传千年的健身瑰宝,
展现了古人观察自然、取法自然的智慧。
在现代生活中,五禽戏更是以其独特的价值,
激发着人们对传统养生文化的兴趣和探索,
展现了中华民族传统文化的
深厚底蕴和恒久魅力。

〖 五禽戏的起源 〗

五禽戏是一种古老的健身方法,由东汉末年的医学家华佗所编创。

《黄帝内经》中提到"上古之人,其知道者,法于阴阳,和于术数,食饮有节,起居有常,不妄作劳,故能形与神俱,而尽终其天年,度百岁乃去",是说古代人通过遵循阴阳平衡、适度饮食和起居规律,以及适度运动,不过度劳累,能够健康长寿。其中"不妄作劳"强调了适度运动的重要性。华佗继承并发展了这一理念,提倡人体需要适度的劳动来维持健康,但过度劳累会使身体受损,正如他所主张:人体欲得劳动,但不当使极尔。

华佗观察到动物的自然动作对人体健康有启发作用,于是编创了五禽戏。他选择了虎、鹿、熊、猿、鸟这五种动物,因为它们的动作可以模仿并用于人体锻炼,以此来强化身体机能。《后汉书·华佗传》详细记载了他编创五禽戏的过程。这为我们提供了关于五禽戏起源的直接历史证据。

华佗的弟子吴普遵循师父的教导,通过练习五禽戏,到了90多岁仍然保持着良好的健康状态。

宋代的蒲虔贯在《保生要录》中也提到了适度活动的重要性,这表明华佗的理念在后世得到了传承和发展。

〖 五禽戏的发展 〗

华佗虽然编创了五禽戏,但典籍中未见该五禽戏的详细动作记录。历史上对五禽戏详细动作的记录,一直到南北朝时期才出现。

南朝时期,著名医药学家陶弘景系统学习了吴普的医术和五禽戏,并在其著作《养性延命录》中首次详细记载了五禽戏的每一个动作,为后世提供了宝贵的实践指南。它还强调了五禽戏的健身和医疗价值,提出了"任力为之,以汗出为度"的锻炼原则。

唐代时,五禽戏开始在文人雅士中流行。柳宗元在《从崔中丞过卢少尹郊居》中提到了五禽戏。李商隐在《寄华岳孙逸人》中也提到了练习五禽戏。

晚唐诗人陆龟蒙在《奉和袭美赠魏处士五觌诗·乌龙养和》中同样提到了五禽戏。

宋代也有许多文人雅士练习五禽戏的记载。北宋王周在《道院》中描述了在道院中练习五禽戏的情景,王安石在《张氏静居院》中提到了五禽戏,表明五禽戏已经成为普通人日常健身的一部分。

南宋陆游在《春晚》中提到练习五禽戏,这反映了五禽戏在宋代文人中的流行,也显示了它对文人文化生活的深远影响。

明清时期,关于五禽戏的记载更加丰富,许多养生书籍中详细记载了五禽戏的练习方法和动作图像,这使得五禽戏的传播和实践更加广泛。因此,在这一时期,五禽戏不仅在医学和武术领域内流传,还渗透到了民间的日常生活中,成为一种广泛接受的健身和养生方式。

二 五禽戏的养生功效

五禽戏在养生方面占据着举足轻重的地位,它不仅是一套传统的健身方法,更是中华养生文化的瑰宝。五禽戏通过模仿虎、鹿、熊、猿、鸟五种动物的动作,调和了人体阴阳,疏通了经络气血,强化了脏腑功能,从而达到了强身健体、预防疾病的效果。

【 舒展筋骨,改善生理机能 】

五禽戏的动作设计巧妙,以腰部作为运动的枢纽。通过模拟虎之威猛、鹿之安舒、熊之沉稳、猿之灵巧、鸟之轻捷,这五种动物的神韵,五禽戏能够全方位地锻炼人体各个部位。它特别关注那些在日常生活中活动较少的关节和肌肉，通过一系列动作的伸展、扭动和弯曲，疏通身体经络，有效提升身体的灵活性和柔韧性。

五禽戏能够提升肺部的换气效率和心脏的泵血能力，促进了身体组织和器官的健康。同时，五禽戏通过激发肠胃蠕动和增强消化液的分泌，改善了食物的消化吸收过程，为身体提供了必要的能量和营养，激发人体活力，支持日常活动和锻炼需求。

【 强化肌肉，提升运动能力 】

五禽戏是强化肌肉和提升运动能力的有效方式。根据《后汉书·华佗传》的记载，五禽戏的练习核心在于"引挽腰体"和"动诸关节"。

"引挽腰体"强调五禽戏动作的发起点和力量的源泉都在腰部。吸气时，腰部蓄劲，提腰立脊，为动作的展开提供力量。呼气时，腰部放松，沉腰松腹，动作随之流畅地完成。腰部在这个过程中起到了枢纽的作用，就像车轴，引领身体的各个部位向不同方向运动。无论是身体的前俯、后仰、侧屈、拧转，还是四肢的收放、屈伸、摆转、折叠，都是以腰为枢纽，这样的运动方式能够全面提升身体的协调性和灵活性。

"动诸关节"则指五禽戏通过腰部的带动，让四肢和全身的关节都参与到运动中来。这种练习不仅关注大关节和大肌肉群的运动，还特别注意到手指、脚趾等部位小关节的锻炼。这一点在五禽戏的五种手型变化中得到了集中体现。通过这样的练习，可以加强远端血液微循环，提高身体的灵活性和活力。

五禽戏还特别注重那些平时活动较少或容易被忽视的肌肉群。通过模仿虎、鹿、熊、猿、鸟的动作，人们可以锻炼到身体的不同部位，包括那些日常生活中很少用到的肌肉。这样的全面锻炼有助于增强肌肉的力量，提高运动能力。

在练习五禽戏时，重要的是要根据个人的健康状况来调整运动量和强度，比如动作的速度、姿势的高低、幅度的大小，以及练习的时间等。

【 调和五脏，平衡内在机能 】

五禽戏不仅是一种运动方式，更是一种调和身体内部平衡、促进五脏健康的有效手段。金元时期的医学家张从正，就是倡导通过导引锻炼来治疗疾病的先驱之一。他提出的导引理念，即通过调整呼吸、身体的屈伸和关节的活动，来达到气血和谐、身体柔软的状态。

张从正认为导引可以通过打开毛孔来驱逐病邪，即所谓的"开玄府而逐邪气"。他推崇五禽戏，认为五禽戏动作练习能够引发汗液的排出，有利于治愈各种疾病。

五禽戏的精髓在于每个动作都与呼吸紧密配合，通过有意识地调整呼吸，促进体内气血的流畅，使得呼吸之气更加顺畅，从而有利于调和五脏，平衡身体内在机能。

【 释放压力，享受内心平静 】

五禽戏不仅模仿虎、鹿、熊、猿、鸟五种动物的形态，而且通过"移情""换景"的练习方式，让练习者仿佛置身于动物们自由嬉戏的自然环境中。这样的练习既锻炼了身体，又改善了心理和情绪，给心灵打造一处安宁的居所。

练习五禽戏时，练习者的动作、眼神、心理都与模仿的动物相融合。例如，练习鹿戏时，练习者不只是模仿鹿的轻盈敏捷，更要从内心深处体会鹿的谨慎与警觉，这种形神合一的练习有助于释放压力。

五禽戏动作柔和缓慢，动作路线有方圆变化，姿势左右均衡对称，这些特点使得练习者能够在动作中找到一种节奏感，进而放松心情，减少焦虑和紧张。同时，在练习中，通过呼吸与动作的协调，可以进一步调畅体内气血，达到以气养神的效果。

三 五禽戏的手型和步法

　　五禽戏对五种动物形态的模仿不仅体现在整体动作上，更将其精妙地融入手型和步法的细节之中。虎爪的刚劲、鹿角的轻盈、熊掌的厚重、猿钩的敏捷、鸟翅的灵动，每一种手型都经过精心设计，既符合动物特征，又能有效刺激手部穴位和经络。步法上，五禽戏融合了传统武术的稳健与舞蹈的优美，通过虚实变换、重心转移，达到锻炼下肢力量、提高平衡能力的效果。这些手型步法的巧妙组合，不仅使五禽戏更具观赏性，更重要的是能够全面锻炼身体各个部位，达到内外兼修的养生效果。

【 手型练习 】

握固

拇指贴向掌心无名指指跟处，其余手指屈曲握紧。

虎爪

五指张开并撑圆，且第一、二指节屈曲内扣。

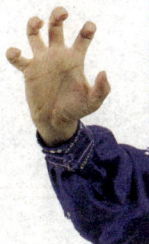

鹿角｜

五指自然伸开，然后屈曲中指和无名指。

猿钩｜

五指指腹聚拢，然后屈腕。

熊掌｜

除拇指外的其余四指自然并拢弯曲，拇指指腹贴在食指的指甲上，虎口撑圆。

鸟翅｜

五指自然分开，中指、无名指并拢且稍稍向下压，其余三指稍稍向上翘。

【 步法练习 】

并步｜

双腿并拢站立；双臂伸展，双手自然贴在身体两侧；眼睛平视前方。

开步 |

双脚分开，距离约和肩宽相同；双臂伸展，
双手自然贴在身体两侧；眼睛平视前方。

提踵步 |

双脚并拢站立，或分开站立，双腿伸直，
双脚脚尖踮起。

后点步 |

双脚前后分开站立，前脚脚掌着地，后
脚脚尖点地，双腿均保持伸直。

弓步 |

双腿前后分开站，前腿屈膝，膝盖向前顶但不超过脚尖；后腿伸直，保持全脚掌着地。

马步 |

双脚分开，距离约2倍于肩宽；双腿屈膝，大腿高度不低于双膝；膝盖向前顶但不超过脚尖；上身保持挺直；眼睛平视前方。

丁步 |

双脚稍稍分开站立（双脚距离约为脚长的一半），膝盖微微弯曲，一条腿稍稍向上提膝，踮起脚尖，另一只脚全脚掌着地。踮脚的脚尖与另一只脚的脚弓对齐。

四 五禽戏的功法演练

五禽戏通过模仿虎、鹿、熊、猿、鸟五种动物的动作，涵盖了身体各个部位的运动。练习五禽戏能增强心肺功能，提高身体的协调性和平衡感，对于提升健康水平有积极作用。接下来将带你体验五禽戏的具体功法。

预备势 起势调息

动作口诀

调整呼吸神内敛，头身正直顺自然；胸腹放松膝微屈，诱导入静排杂念。提吸按呼沉肩肘，柔和均匀意绵绵；心静神凝气机动，神不外驰守丹田。

扫码学习

一

双脚并拢站立，双臂下垂，双手自然贴在身体两侧；双肩放松，下颌内收；双唇轻闭，舌尖轻触上腭。

动作要点

腰背挺直，双膝伸直，脚尖朝前。

二

重心移向右脚，提左脚，向左跨一步，脚尖朝前，两脚距离约同肩宽。

三

吸气

双臂外旋,使掌心朝上,同时双手摆向身前,与胸同高,双臂稍稍弯曲。

动作要点

双手按照弧线路径摆动,双手距离和肩膀同宽。

四

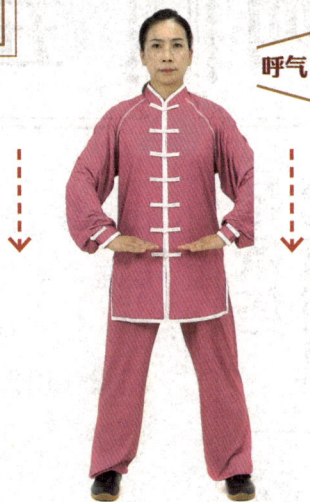

呼气

双臂内旋,使掌心朝下,双掌下按至腹部前方。

动作要点

双手动作柔和连贯。

五

双手放下,自然贴于身体两侧。眼睛平视前方。

功理作用: 保持身体端正,呼吸均匀,有助于集中注意力,增强对身体和动作的专注,帮助练习者快速进入练习的状态。

第一戏 虎戏

虎举

动作口诀

撑掌屈指拧双拳，提举拉按握力增，卧虎伸腰三焦畅，清升浊降精气生。

一张一弛文武道，深吸长呼肺量添，含胸收腹伸脊柱，肾水滋阴如清泉。

 一

 二

 三

接上式。双手划向腹前，掌心向下，五指分开，同时眼睛看向双手。

十指弯曲，双掌变为虎爪。

虎爪变为拳，外旋双臂，使拳心相对。

吸气

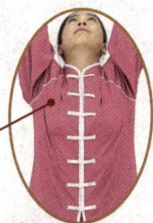

常见错误

容易背部反弓。

四

双脚脚趾用力抓地的同时，双手沿身前上举，举至胸部高度时，拳变为掌，继续上举至头顶，掌心向上，虎口相对；抬头，眼睛看向双手指之间。

动作要点

双手垂直向上举起。

扫码学习

51

五

双掌变为虎爪。
动作要点
注意拉伸躯干。

六

双掌变为双拳,外旋双臂,使双手掌心相对。

七

呼气

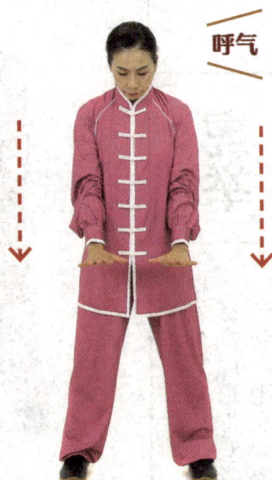

双拳变为掌,下按至腹部前方,掌心朝下,手指朝前;眼睛跟随双手的动作,最后看向双手之间。

八

重复步骤二至步骤七,然后双手自然贴于身体两侧。眼睛平视前方。

功理作用: 将双臂充分上举,可以拉伸身体,促进呼吸顺畅,同时可以帮助消化系统更有效地工作。

虎扑

动作口诀

握拳上提身前俯，挺胸引腰紧收腹，伸膝送髋体后仰，两爪生威向前扑。

虎视眈眈神威猛，动如雷霆无挡阻，扑食犹如猫戏鼠，刚中有柔憨态掬。

一

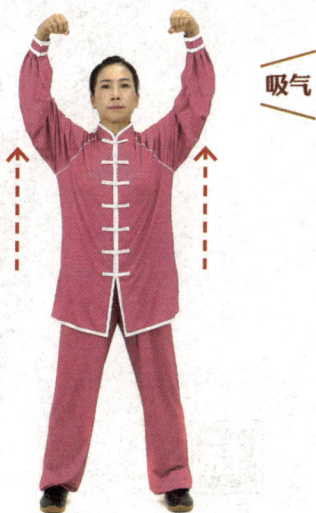

接上式。双掌变为空拳，贴着身体两侧向上摩运到胸部两侧，再向上举至头顶侧上方，上身跟随双手动作稍稍向后仰。

吸气

二

双手空拳变为虎爪的同时，向前上方扑出，如同虎扑，带动上身前俯，腰部下塌，臀部向后伸，胸部向前挺，双手向下按；保持眼睛看向前方。

呼气

动作要点

1. 腰部充分伸展，躯干、双臂平行于地面。
2. 双手变虎爪时，力达指尖。
3. 双膝伸直。

常见错误

容易低头、屈膝。

三

双膝屈曲，身体下蹲，同时双手向后、向下收向双腿两侧；眼睛看向前下方。

扫码学习

53

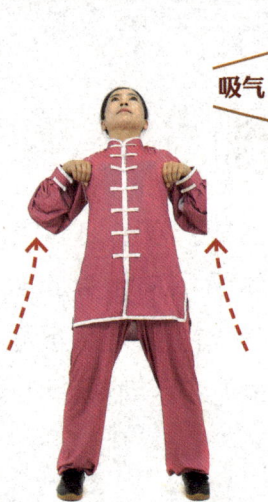

吸气

四

伸展双腿,身体直立,然后将髋部向前伸,上身向后仰,与此同时双手从虎爪变为空拳,从身体两侧向上提至胸部两侧;眼睛看向前上方。

动作要点

腰部充分伸展,并感受从膝部、髋部、腰部、胸部依次呈波浪形伸展的感觉。

五

右脚的脚尖稍稍右转,将身体重心转移到右脚,左腿提膝。提膝的同时,双手上举至肩部上方,再向上、向外画弧至头部侧上方。

呼气

常见错误

重心没有放在后脚上,导致身体不稳。

六

右腿屈曲下蹲的同时,左脚向前落下,脚跟着地,且双手变拳为虎爪,向前下方划向双膝两侧。眼睛看向前下方。

动作要点

1. 动作可先柔后刚,力达指尖,有威猛之感。

2. 迈步时,速度可加快,配合呼气。

吸气

七

右腿伸膝的同时,左脚后撤一步,双腿伸直、站立,双手从虎爪变为空拳,贴着身体两侧向上摩运至胸部两侧。眼睛看向前方。

然后进行右式动作,即步骤一至步骤七的右式动作。右式与左式动作相同,方向相反。

八

右式倒数第二个动作做完后(即步骤六的右式动作),左腿伸膝的同时,左脚后撤一步,双腿伸直,站立,双手自然贴于身体两侧。眼睛平视前方。

功理作用: 通过腰部的上拔和向前伸展,可以有效地拉伸脊柱,增加其灵活性,同时增强脊柱周围肌肉的力量,并促进这些肌肉和软组织的血液循环,预防常见腰部疾病。

第二戏
鹿戏

鹿抵

扫码学习

动作口诀

迈步转腰看脚跟,两臂划圆摆头前,挺身眺望左右盼,脊柱侧屈往回旋。嬉闹抵角对顶劲,健内助外意腰间,自由奔放强腰肾,恬淡虚无真气现。

一

接上式。双腿屈曲下蹲,左脚迈向左前方,脚跟着地;与此同时,上身右转,双手变掌为空拳,右手划向身体右侧,左手划向右胸前方,双手掌心均向下。眼睛跟随右手动作,看向身体右侧。

吸气

二

左脚逐渐全脚掌着地,脚尖朝向左前方,重心前移,左膝稍稍弯曲;与此同时,上身左转,双手从空拳变为鹿角,均向左前方划。

动作要点

双手在摆至约同肩高时,空拳变为鹿角。

呼气

三

吸气

上身向左后方弯曲,眼睛看向右脚跟;与此同时,右手继续向左、向上、向后划至头部前上方,小臂约水平,左臂肘部收向左侧腰间。注意右脚跟不要抬起,以充分拉伸右侧的腰背部。

动作要点

1. 身体扭转时,后脚全脚掌踩实。
2. 先扭转腰部,再向左后方屈曲。
3. 手腕、手指也要尽量伸展。

吸气

四

上身右转,抬起回正,右腿屈膝,重心后移,左腿伸直,脚尖抬起;与此同时,右手跟随划向头部右上方,左手上划至头部左上方。双手掌心均向前。眼睛看向前上方。

呼气

五

上身右转,右手划向身体右侧,左手划向右胸前方,双手掌心均向下。眼睛跟随右手动作,看向身体右侧。

六

双手变为空拳,左脚后撤一步,与右脚平齐,双脚距离约同肩宽,左腿屈膝。

七

双腿伸直站立,双手自然贴于身体两侧。眼睛平视前方。

然后进行右式动作,即步骤一至步骤七的右式动作。右式与左式动作相同,方向相反。

功理作用: 腰部大幅度扭转动作能提高腰椎的灵活性和柔韧性,同时能增强腰椎区域的肌肉力量,可防止腰部脂肪的积聚,预防腰部常见疾病。

鹿奔

动作口诀

跨步向前手握拳，低头躬背肩臂旋，头髋前伸复后顶，轻盈跳步换右式。命门后凸督脉通，尾闾运转阳气添，奔跑跳跃经脉畅，体态安舒气自闲。

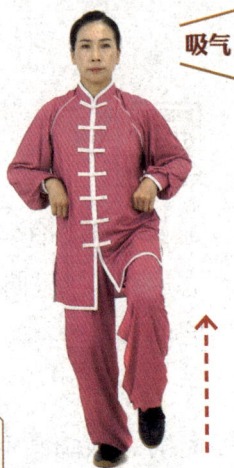

一

接上式。屈双膝，然后左膝向上提起，双掌变为空拳，向上提至腰部两侧。

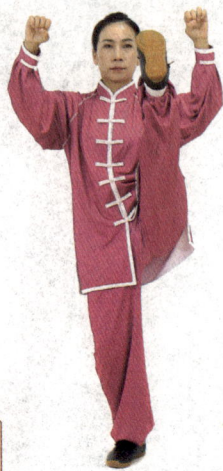

吸气

二

保持右腿牢牢支撑身体，左腿向前、向上踢出，双手跟随向上摆至头部侧前方，拳心向前。

三

左脚向左前方轻轻落下，然后左膝前顶，屈膝，右腿伸直；伴随着腿部动作，双手也向前下方划至双肩前，手腕向下弯曲。

呼气

常见错误

前后脚容易和身体在一条直线上，导致身体不稳。

动作要点

左脚向前、向下迈出时，呈弧线形轨迹，落步要小、轻。

扫码学习

四

吸气

常见错误

手腕容易贴在一起,双腕之间应保持5厘米左右的距离。

身体重心向后坐,右腿屈膝,左腿稍稍伸展;与此同时,背部向上拱,双手向前伸,手背相对,指尖朝前;低头,收下巴,眼睛看向前下方。

动作要点

1. 含胸拔背,充分拉伸腰部、背部。

2. 手臂不要伸直。

五

呼气

六

抬头,看向前方,上身恢复为直立状态,同时右腿蹬直,左膝向前顶,屈膝,重心跟随前移;双手从鹿角变为拳,拳面朝前。

身体后坐,重心移向右腿,左腿伸直,左脚尖抬起,同时双手落向身体两侧。

七

开始转入右式动作,左脚向右脚跳步,落步后支撑身体重心,右膝快速上提,双掌变为空拳,向上提至腰部两侧。

动作要点

1. 跳步动作要轻盈,带有弹性。
2. 重心转换要分明。
3. 左脚落地速度与右脚抬起速度保持一致。

然后进行右式动作,即步骤一至步骤七的右式动作。右式与左式动作相同,方向相反。

八

右式倒数第二个动作做完后(即步骤六的右式动作),右脚后撤一步,与左脚平齐,双脚距离约同肩宽,双腿伸直站立,双手自然贴于身体两侧。

功理作用:向前伸展双臂的动作能有效活动肩关节,拉伸肩背部的肌肉,从而提升肩关节的功能。同时,通过收紧腹部和拱起背部,可以活动脊柱及其周围的肌肉,增强腰腹部肌肉的力量,改善脊柱的形态。此外,采取大步前迈和小步落地的方式,有助于提高身体的平衡能力。

第二戏 熊戏

熊运

动作口诀

松髋提拳至腹前，腰腹内引摇晃颠，导气引体气血和，形正意宁神不乱。运腰摩腹谷气消，中焦运化脏腑暖，户枢常动蠹不侵，脾胃健运病莫生。

吸气

接上式。双腿稍稍弯曲，重心下降，同时上身稍稍前倾，双手变掌为空拳，贴于腹部。低头，眼睛看向双手。

上身以腰部为轴，稍稍右转，同时双手跟随向右摩运至右侧肋部。眼睛跟随看向右下方。

动作要点

1. 髋部稳定，下肢不跟随晃动。

2. 肩部放松。转腰和双手摩运动作要流畅，且同步进行。

保持腹部收紧，上身继续以腰部为轴，沿着顺时针方向，从右向后转，再向左转，双手也在腹前沿顺时针方向摩运至左肋处。保持下颌内收，眼睛跟随上身的转动，最后看向左下方。

动作要点

向后方转腰时，挺胸，拉伸腹部。

扫码学习

四

呼气

上身最终沿着顺时针方向转动至正面朝前,双手跟随摩运至腹部,眼睛看向前下方。

五

吸气

上身调转转动方向,沿逆时针方向向左转动,双手跟随向左摩运至左侧肋部。眼睛跟随看向左下方。

六

呼气

上身继续沿逆时针方向,从右向后、向左、再向前转动至正面朝前,双手也跟随摩运一圈,回到腹前。

七

双腿伸直,双手自然贴于身体两侧,双眼平视前方。

功理作用:将腰腹部作为旋转的中心点,通过上半身的圆形运动,可以有效提升腰椎的灵活性,增强腰腹部的肌肉力量,同时对内脏进行温和的挤压和按摩,从而促进消化系统的功能提升。

熊晃

动作口诀

提髋屈膝握空拳,落步震髋臂内旋,晃肩拧腰意两胁,前靠后坐调脾肝,摇摆颠足步履稳,润肠化结脾胃安,熊经本是祖传法,笨中生灵贵自然。

吸气

常见错误

双肩容易一边高一边低,要保持水平。

一

接上式。右腿支撑身体,左髋向上提,使左脚离地,同时双手变为空拳,眼睛看向左前方。

二

左膝向上提的同时,上身稍稍左转,右肩带动右臂向左前方摆。

动作要点

提膝时,膝关节保持放松。

常见错误

落脚过于主动,过于用力。

呼气

三

左腿向左前方落脚,并震脚,左膝前顶屈膝,同时伴随上身右转,左臂内旋向前摆,右臂向后摆。

动作要点

震脚时,全脚掌着地,使震动感能传递至髋关节,脚尖朝前。

扫码学习

吸气

常见错误

摆臂速度过快或过慢。

四

上身后坐,重心后移,左腿伸展,右腿屈膝降低重心,上身向左拧转,带动右臂摆向左前方,左臂摆向右后方。眼睛看向左后方。

动作要点

1. 以腰腹部为中心拧转身体。

2. 双肩放松,双肘放松,胸部上提。

呼气

五

腰部向右扭转,带动左肩向前、向下压,右肩向后、向上摆;同时左膝向左前方顶出,屈膝,右腿伸直。眼睛看向左下方。

动作要点

向前拧转时,含胸以挤压肋部。

六

上身抬起回正,左臂前摆,右臂后摆,眼睛看向左前方。

七

进入右式动作。左腿支撑身体,右髋向上提,使右脚离地,同时双手变为空拳,眼睛看向右前方。

然后进行其余的右式动作,即步骤二至步骤六的右式动作。右式与左式动作相同,方向相反。

八

右式做完后(即步骤六的右式动作),左脚向前迈一步,与右脚平齐,双脚距离约同肩宽,双腿伸直站立,双手自然贴于身体两侧。

功理作用:通过身体左右和前后的扭转动作,可以对肋部施加温和的挤压,有助于调节内脏功能。同时,髋部的上提和落脚时的震动动作,能够充分活动髋关节,提高其灵活性,增强身体平衡,并加强髋关节周围肌肉的力量。

第四戏 猿戏

猿提

动作口诀

屈腕撮钩耸双肩，团胛缩颈目光闪；百会上引提脚踵，平行左顾再回正。收腹提肛摩肠胃，踮脚直立练平衡；灵猴自有健身术，减肥何须服药丸。

扫码学习

一

吸气

接上式，低头看双手，双手屈腕，使掌心向下，指尖相对。

二

呼气

双手快速外旋一周，且由掌快速变为猿钩。

三

提肛吸气

屈曲双腕，屈肘，耸肩，双手提向胸前，注意同时努力含胸，背部拱起，腹部收紧，提踵，提肛，瞪目，眼睛机警地看向前方。

动作要点

1. 提踵动作中，按照头部、肩部、腹部、肛门、脚踝的顺序，依次垂直向上提。

2. 注意含胸拔背、耸肩、收腹、提肛、双肩内合，这样可以从多个方向挤压按摩内脏。

停闭呼吸

四

头部向左前方 45°
水平转头。

五

头部右转回正。

落肛呼气

六

脚跟落地,全身放松,双肘向两侧上抬,双手伸展变为掌,掌心向下,指尖相对。眼睛平视前方。

动作要点

落踵动作中,按照头部、肩部、腹部、肛门、脚踝的顺序,依次下落。

七

双掌下按至腹前,然后双手自然贴于身体两侧。

然后做一遍右式动作,即步骤一至步骤六的右式动作。右式与左式动作相同,方向相反。

功理作用: 提踵可锻炼下肢肌肉,增强其力量,同时可提高身体平衡性;手部快速变换姿势能提升反应速度和灵敏性;耸肩、含胸、屈肘的组合动作能够挤压胸腔,改善内脏功能。

猿摘

吸气

一

接上式。左脚迈向左后方45°方向，右膝前顶屈膝，右手向右前方摆，带动上身右转，同时左手变为猿钩，沿体侧向上摩运至腰间。眼睛看向右手方向。

呼气

二

吸气

三

上身后坐，稍稍左转，右手跟随划向左前方；同时左腿屈膝支撑身体，右腿伸展开，脚尖上抬。

右脚靠近左脚，脚尖点地变为右丁步；同时上身继续左转，右手继续向左、向上画弧。眼睛跟随右手动作转动。

扫码学习

呼气

四

屈膝,下蹲,上身前俯,全身向腹部方向收紧,向右上方转头,眼睛看向右上方,使右手的掌心与左侧太阳穴相对。

五

头部沿原路转回,右手向下翻掌做摘果动作。眼睛看向 右手。

六

吸气

伸膝站立,左腿稍稍屈膝,右脚迈向右前方,脚跟着地,上身右转。与此同时,左手上托至稍高于肩,右手向右上方摆至稍低于肩。眼睛看向右前方。

呼气

常见错误
容易忽略腕部下压动作。

七

右腿伸直，支撑身体稳定，身体右转并上拔，带动左脚跷脚尖；同时左手上划至头部左上方，变为猿钩，指尖下压做摘果状。眼睛看向左手方向。

动作要点

1. 目光跟随手部动作左顾右盼。
2. 摘果时，手变猿钩速度要快。
3. 手臂充分舒展。

八

吸气

重心后撤，左腿稍稍屈膝支撑身体，右脚尖上抬；上身左转的同时，左臂屈肘，左手变拳收向面前，右手向左下方划至腹前。眼睛看向左手。

九

呼气

右脚向左撤一步，贴近左脚，脚尖点地，然后双腿屈膝下蹲；与此同时，左手变掌，掌心向上做"托桃"状，右手托在左肘下方。眼睛看向左手。

动作要点

1. 托桃时，左手变掌，五指分开速度要快。
2. 注意缩颈团身。

吸气

十

右脚迈向右后方,左手翻掌下压,右手收向右肩,上身稍稍前俯。眼睛看向左手方向。

然后进行其余的右式动作,即步骤二至步骤九的右式动作。右式与左式动作相同,方向相反。

十一

右式"托桃"动作做完后(即步骤九右式动作),左脚前迈,与右脚平齐,双脚距离约同肩宽,双腿伸直,双手自然贴于身体两侧。

功理作用:通过弯腰、仰身和转身等动作,可以增强身体的敏捷性和协调性,同时有助于放松神经系统,舒缓情绪。视线在不同方向的快速转移,左顾右盼,可以促使颈部进行左右转动,有助于加速血液流向大脑,提升脑部的血液循环。

第五戏 鸟戏

鸟伸

接上式。屈双膝，身体重心下降，双手在腹前上下相叠，掌心朝下。眼睛看向前下方。

动作要点

双手在腹前的高度，以个人感觉舒适为宜。

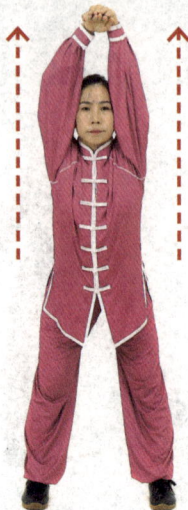

吸气

双腿伸展站立，双手摆向头顶上方；同时上身前倾，胸部挺起，腰部下压，提肩，缩颈。眼睛平视前方。

动作要点

1. 双手上摆时，注意下颌抬起，收缩肩胛骨。

2. 双手上摆过程中，颈部、肩部、臀部收紧。

呼气

双手沿原路返回腹前，稍稍屈膝。眼睛看向前下方。

动作要点

双手下放过程中，颈部、肩部、臀部逐渐放松。

扫码学习

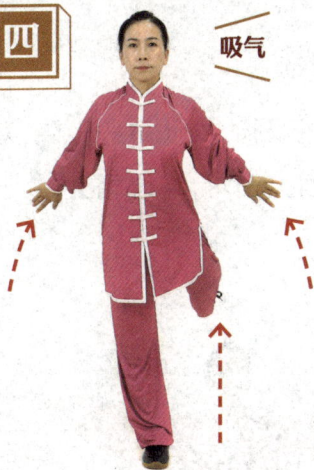

四 吸气

常见错误
容易忽略将双手变为鸟翅。

五 呼气

右腿伸直,支撑身体,左腿向后上方摆动,伸直,绷脚背;左腿摆动的同时,内旋双臂,使掌心向后,双手向后上方45°画弧,且逐渐变掌为鸟翅。

动作要点
双肩充分向后展,髋部向前送。

左脚撤回,和右脚平齐站立,屈双膝,双手从鸟翅变掌,收向腹前,上下交叠,掌心朝下。

然后进行一遍右式动作,即步骤二至步骤五的右式动作。右式与左式动作相同,方向相反。

六

右式倒数第二个动作做完后(即步骤四右式动作)右脚落下,与左脚平齐站立;双脚距离约同肩宽,双手自然贴于身体两侧。

功理作用:通过双臂的上下和前后摆动,能够使身体得到充分的伸展,这有助于保持呼吸的顺畅,并增加肺活量,从而提高呼吸系统的整体功能。

鸟飞

动作口诀

一腿独立一腿起，手成鸟翅往上举，屈腿合掌再奋力，展翅高飞志千里。悠悠鹤步翩翩舞，抖翎亮翅比健美，抻筋拔骨体舒展，松鹤延年登寿域。

一

接上式。屈双膝，身体重心下降，双手在腹前指尖相对，掌心朝上。

吸气

二

右腿伸直，支撑身体，左腿向上提膝；提膝的同时，双手向两侧伸展至约同肩平，双掌变为鸟翅。

动作要点

1. 双臂上摆时，双臂、肩部、胸部都充分向后伸展。

2. 尽量保持动作优美。

3. 提膝高度根据个人能力来定。

呼气

常见错误

容易忘记支撑腿屈膝。

三

左脚下落时贴近右脚，脚尖点地，双腿屈膝下蹲，双手同时沿原路返回腹前，鸟翅变为双掌，掌心朝上。

扫码学习

四

吸气

五

呼气

再次右腿伸直,左腿向上提膝;双掌变为鸟翅并沿身体两侧向上伸展至头顶上方,掌背相对,正面看双手围拢如喇叭。

左腿下落,双腿稍稍屈膝;同时双手经身体两侧下落至腹前,掌心朝上。

然后进行一遍右式动作,即步骤二至步骤五的右式动作。右式与左式动作相同,方向相反。

六

右式倒数第二个动作做完后(即步骤四右式动作)右脚落下,与左脚平齐站立;双脚距离约同肩宽,双手自然贴于身体两侧。

功理作用:通过上下挥动双臂,伸展全身肌肉、筋骨,促进呼吸顺畅,增强肺活量,改善呼吸系统的功能。保持提膝动作一段时间,可以有效增强身体的平衡能力。

收势
引气归元

吸气

常见错误 —— 容易伸臂太直。

一

接上式。外旋双臂，使掌心向外，双手沿身体两侧上抬至头顶上方，掌心斜向下，双臂微屈。

动作要点

双臂上抬时，肩胛骨与胸部跟随上提。

呼气

二

双手沿身体前方下压，一直下压至腹前，双手自然贴向身体两侧。

三

左脚向右脚并拢。五禽戏功法套路演练完毕。

动作口诀

侧举上抱头顶悬，沉肩坠肘落腹前，虎口交叉阴阳合，闭目静养守涌泉。手心搓热和气血，上摩下擦干浴面，周身放松精神爽，引气归元入丹田。

功理作用：通过调整呼吸，帮助身体放松，平稳地从练习状态过渡到日常状态。

注：在收势过程中，如果练习时间充裕，可进行闭目静养、搓掌、浴面等动作；如果练习时间紧张，也可省略此过程，练习者可根据具体情况决定。

扫码学习

第三章

易筋经

——内强精气，外健筋骨

一 易筋经的起源与发展

易筋经，作为我国的传统健身功法，
是宝贵的民族文化遗产，
体现了古人的生命养护之道。
它通过合理的动作编排和呼吸配合，
能起到疏通经络、调畅气机、强身健体的作用，
是一种适合广大群众的健身方式。

〖 易筋经的起源 〗

易筋经属于"导引术"。春秋战国时期,庄子用文字描述人们锻炼身体的行为。庄子这样描述道:"吹呴呼吸,吐故纳新,熊经鸟申,为寿而已矣。此导引之士,养形之人,彭祖寿考者之所好也。"这标志着"导引"一词的首次出现,其目的在于促进身体健康和延长寿命。

成书于春秋战国时期的《黄帝内经》也提到了"导引",并将其视为一种重要的治疗手段。在《黄帝内经》的《异法方宜论》中,讨论了生活在不同地域的人们因环境差异而易患不同疾病,以及相应的治疗方法,包括砭石、毒药、灸焫、九针、导引、按蹻等,显示了"导引"在古代医学中的重要地位。"导引"通过身体的运动来调和气血,维护健康,体现了中医"上工治未病"的理念。

本书所指的"易筋经",是在古代理论著作《易筋经》指导下所产生的"易筋经十二式导引术",由 12 式动作组成。它通过一系列精心设计的动作,旨在强化身体、预防疾病,这与庄子和《黄帝内经》中提倡的养生理念一脉相承,是人们追求健康的一种方式。

〖 易筋经的发展 〗

据历史文献资料记载,我国明代时期,就已经出现了《易筋经》的著作。在早期的版本中,易筋经主要涉及内功和硬功的练习方法、中医药内容等,而到了清代后期道光年间的《易筋经》版本中,才开始出现"易筋经十二式导引术"的图谱和文字表述。此后,"易筋经十二式导引术"被众多养生健身书籍所记载,并迅速传播开来,其影响日益广泛。

随着时间的推移,易筋经不仅在医学和武术领域内传承,更通过文学作品和影视作品的渲染,成为大众熟知的文化符号。特别是武侠小说中对《易筋经》的描述,虽然带有文学夸张,但也让这套功法名声远播。

易筋经的动作虽然简单,但内涵丰富,其动作名称中的"韦驮""杵"

等用语,显示了其深受佛教文化的影响。

　　《易筋经》有多个版本流传至今,其中包括明代的抄本,以及清代的刻本。这些版本中的序言,有李靖所写、牛皋所写等,无论这些序言是否真的是李靖、牛皋所写,或者其记述的内容是否属实,它们的存在都为《易筋经》增添了浓厚的历史文化色彩。

二 易筋经的养生功效

　　易筋经的养生功效在于其全面的身心锻炼。它不仅能够强化身体结构,促进气血流通,还能调节阴阳,疏通经络,调畅气机,从而实现延缓衰老,防治疾病,提高生活质量。

〖 内外兼修,身心和谐 〗

　　易筋经不仅是一种健身功法,它还包含了深刻的生命哲学。易筋经练习强调的不仅是外在身体的强健,也包括内在精神的修炼。这种内外兼修的锻炼方式,强调了"内"与"外"的和谐统一,即内在的情志活动和气息运动(心、意、气)与外在的形体活动(手、眼、身、步)的紧密结合。

　　在练习易筋经时,练习者会被引导进入一种"动中有静"的状态,动作与呼吸同步,心灵与身体合一。这种"心动形随""意发神传"的练习方式,要求练习者达到"精、气、神合一"的境界,从而实现"心与意合、气与力合"。通过这种方式,易筋经不仅锻炼了身体,还调节了内在的脏腑功能,改善了精神状态。

　　易筋经视"形"与"神"为生命的两大支柱,认为只有两者都得到充分的养护，人才能享有完整的健康和长寿。因此，它提倡"形神共养"，即在养生的过程中，不仅要关注身体的强健，也要关注精神的修炼，以及两者之间的协调和平衡。

【 动静相宜，平衡养生 】

易筋经强调"动中有静，静中有动"的练习原则。动，即身体的外在动作，如伸展、扭转、弯曲等；而静，则是指在动作中保持意念的集中和内心的平静，有助于平衡阴阳、调整脏腑、稳定情绪。动静结合的锻炼方式，使得易筋经不仅能够强化身体，还能够调节心理状态，实现身心的整体健康。

练习易筋经可以做到平衡阴阳，调整脏腑。中医认为，阴阳平衡是身体健康的基础。易筋经通过各种动作，特别是对脊柱的旋转和屈伸，刺激相关的经络，促进气的升降出入，增强脏腑功能。易筋经的练习有助于维持阴阳的动态平衡，预防和治疗疾病。

易筋经的动作设计旨在通过身体的运动来促进经络的通畅，增强气血流通，这样有助于消除身体的僵硬和疼痛，调节和强化内脏器官的功能。

意念和呼吸对于易筋经的练习是至关重要的。通过意念和呼吸的配合，可以更好地引导气血流动，达到内外兼修的效果。

【 集中精神，提升潜能 】

通过特定的动作和呼吸技巧，易筋经能够帮助练习者集中精神，进而提升身体的潜能和整体的健康水平。

易筋经练习讲究形松意紧，强调在外观上看起来身体是放松的，而内部通过呼吸和意识的调节，让气血运行顺畅。这种"形松意紧"的练习方式，要求练习者在动作上放松，同时保持意识的专注和紧张，这样的练习有助于提高效果。

练习易筋经能让全身放松，促进血液循环。易筋经的动作从肩、肘、手等局部的放松开始，逐渐过渡到全身的放松，促进了血液的流动，还有助于消除疲劳，增强体力，使精神状态更加稳定和愉悦。

意守丹田是易筋经中的一个重要原则，它要求练习者将注意力集中在丹田。这种做法有助于驱散纷繁复杂的思绪，让大脑得到休息，从而达到内心的宁静。

三 易筋经的呼吸和意念

易筋经的练习中，"呼吸和意念"是两个核心要素，它们对于实现练习的效果至关重要。通过调整呼吸和集中意念，易筋经练习者能够在动与静之间找到平衡，进而达到良好的练习效果。

【 呼吸练习 】

易筋经中的呼吸技巧主要以自然呼吸为基础，同时结合了腹式呼吸和发音呼吸的方法。

自然呼吸 |

自然呼吸是指按照自己的生理需求，不加任何强制或干预地进行呼吸，是一种自在而不受限制的呼吸方式。在练习易筋经时，通常采用的自然呼吸方法是双唇和牙齿轻轻闭合，主要通过鼻子进行呼吸。呼吸的节奏和深浅，会根据每个人的身体状况自然调整，无须刻意追求统一的标准。

腹式呼吸 |

腹式呼吸即通过控制呼吸，利用膈肌、腹肌的协调运动，使腹部出现规律性的扩张和收缩的呼吸方式。腹式呼吸可增加肺活量，提升内脏功能。

腹式呼吸主要分为两种形式：顺腹式呼吸和逆腹式呼吸。

顺腹式呼吸，吸气时，腹肌扩张，膈肌下降，腹部因充盈气体而逐渐鼓起；呼吸时，腹肌收紧，膈肌上升，呼出气体。这种呼吸方式有助于提高肺部的气体交换效率。

逆腹式呼吸，吸气时，腹肌收缩，膈肌下降，腹部容积变小；呼气时，腹肌放松，膈肌上升，腹部容积变大。与顺腹式呼吸相比，逆腹式呼吸能更显著地作用于内脏器官，从而更有效地改善和增强这些器官的功能。

发音呼吸 |

发音呼吸，即在练功时将特定的发音与呼吸相结合。易筋经中就使用了发音呼吸。例如，"三盘落地势"中，练习者需要在下蹲呼气时兼发"嗨"音，可增强呼吸的深度和效果，同时也能提升练功的体验。

【 意念练习 】

在练习易筋经时，恰当地运用以下意念技巧，可以有效提升专注力，并确保动作的精准性。

意念动作过程 |

在练习易筋经的动作时，将意念融入其中，专注于动作的准确性和是否遵循了练习的基本原则。通过将意念与动作紧密结合，练习者能够实现身体动作与精神意念的和谐统一。

意念呼吸过程 |

通过在呼吸时融入意念，将注意力集中在呼吸调节上，促进呼吸与动作之间的协调性，进而达到更高效的同步。

意念身体部位 |

即在练习过程中，将注意力集中在身体的关键部位，这有助于迅速排除心中的杂念，从而提高动作的精确度。通过对身体部位的意念专注，可以更有效地激发功法的内在潜力。

存想法 |

在练习易筋经入静时，可以在心中构建一个具体的形象或场景，并将自己想象成其中的一部分，让这个形象或场景在心理上产生积极的影响。这种心理上的变化会进一步影响到生理状态，从而对身心起到良好的调节作用。

默念字句 |

即一边练功，一边心中默念与动作相配合的歌诀及其名称。这样有助于清除心中的杂念，让注意力更专注于练习，进而达到心境的稳定和精神的集中。

四 易筋经的功法演练

易筋经动作舒展连绵，刚柔相济，动息相融，强调以形导气，意随形走。练习者如能学习和掌握上述要领，会有明显的健身效果。下面一起来学习易筋经的具体功法。

预备势

动作口诀

两足开立身中正，双手下垂气自生，目视前方神内敛，心平气和待势行。

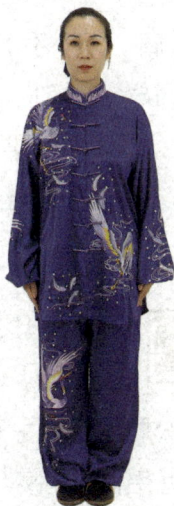

一

双脚并拢站立，双臂垂放，双手自然贴在身体两侧；双肩放松，下颌内收；双唇轻闭，舌尖轻触上腭。

动作要点

1. 保持周身放松。
2. 保持重心稳定。

扫码学习

二

重心移向右脚，提左脚，向左跨一步，脚尖朝前，两脚距离约同肩宽。

功理作用：保持身体端正，呼吸均匀，有助于集中注意力，增强对身体和动作的专注，帮助练习者快速进入练习状态。

第一式 韦驮献杵第一势

动作口诀

立身期正直，环拱手当胸，
气定神皆剑，心澄貌亦恭。

一

接上式。双臂保持稳定，肩膀先向上提起，再向后转动，最后向下放松。

二 吸气

双手前平举，双掌掌心相对，拇指朝上。

动作要点

1. 双手动作由拇指引领完成。
2. 不要耸肩。

呼气 **三**

放松肩膀，双手在胸前合拢，双掌之间留有空隙，手掌与地面的夹角保持在大约 30 度，掌根位于胸部中央，与胸部保持约 10 厘米的间隔。眼睛看向前下方。

动作要点

双臂不要和身体贴太实，保持虚腋，即腋下留有一点空间。

功理作用： 集中精神，摒弃干扰，帮助练习者进入一种宁静平和的心境。

扫码学习

第二式 韦驮献杵第二势

动作口诀
足趾拄地,两手平开,
心平气静,目瞪口呆。

一 吸气

接上式。双臂向外、向上抬起,使小臂平行于地面。此时掌心向下,指尖相对。

二 呼气

双臂向身前伸展,平举。

三 立掌吸气,推掌呼气

双臂水平向身体两侧伸展至侧平举后,双腕下压,手指向上立掌竖起。然后双手向两侧用力推掌,力在掌根。保持动作片刻。

动作要点

1. 立掌时,手指同时立起,意在中指;推掌时,力在掌根。
2. 立掌后保持动作的时间,可根据练功程度的提升而变长。
3. 双脚掌内侧用力,支撑身体。

扫码学习

功理作用: 使血流、呼吸顺畅,增强心肺功能;同时,立掌动作可提升肩部周围肌肉力量,改善肩、颈、背部的不良姿势。

第三式
韦驮献杵第三势

动作口诀

掌托天门目上观，足尖着地立身端，力周腿胁浑如植，咬紧牙关不放宽。舌可生津将腭抵，鼻能调息觉心安，两拳缓缓收回处，用力还将挟重看。

一 接上式。双手从立掌放平，掌心向下。

二 肘部稍稍向下压。

三 肘部稍稍向上挑，同时肩胛骨向后背收紧，内旋双臂，使掌心斜向后。

常见错误
容易忘记收紧肩胛骨。

四 双臂从身体两侧向身前平举，掌心向下。

扫码学习

五

双臂向肩部两侧屈肘,使小臂平行于地面。此时掌心向下,指尖相对。

六

内旋双臂,使双手掌心朝向前方。

七

双掌向上贴在耳垂后,虎口相对,肘部和双肩同高。

吸气,举至顶点闭气

常见错误

容易抬头,导致重心不稳。

八

保持肩关节放松的状态,双手从头部后侧逐渐向上推,直到双臂完全伸展开。双手上推的同时,双脚向上提踵。收下颌,眼睛看向前下方。

动作要点

1. 身体重心移到前脚掌。
2. 咬紧牙关。
3. 双手上推时,力在掌根。

功理作用: 双手上撑,能锻炼到肩颈部位的表层和深层肌肉,还能纵向拉伸脊柱,放松全身肌肉,使全身血液循环更加顺畅。

第四式 摘星换斗势

动作口诀

只手擎天掌覆头，更从掌内注双眸，鼻端吸气频调息，用力收回左右眸。

一

接上式。双掌变为双拳，沿身体两侧下降。

二

双臂下降至与头部夹角约为45°时，双拳变为双掌。

呼气

三

常见错误

双脚容易挪动。

上半身向左侧转动，边转动，边屈膝向下降低身体重心。右臂向左髋的方向摆去，做"摘星"动作，左臂则摆至身体左后方，与腰同高。眼睛跟随左手动作，看向左下方。

动作要点

1. 双膝、双脚保持稳定，胯部稍稍后坐。

2. 手臂摆动时，以肩关节为轴，呈弧形摆动。

3. 左手在背后横放。

扫码学习

吸气

四

双腿伸直,身体右转,同时右手向右上方摆动,直至头顶右上方,腕部微微下压,使掌心对向头部,做"换斗"动作。眼睛跟随右手转动。保持动作停顿片刻。

动作要点

1. 右手中指尖与右肩上下对齐。
2. 腰部拧转带动右手摆动。

五

身体左转回正的同时,双臂侧平举,眼睛看向前方。

然后做右式的"摘星""换斗"动作。右式和左式动作相同,方向相反。如下图。

功理作用: 此式在步骤三、四中采用腹式呼吸,能够增强腰腹肌肉,延缓身体老化过程;而头部及身体的前倾、后仰和扭转动作,可以令脊柱更灵活。

第五式 倒拽九牛尾势

扫码学习

呼气

一

接上式。身体右转约45°，右腿支撑身体稳定，身体上拔，左脚跟离地。眼睛看向右前方。

二

左脚向左后方撤一步，脚尖外撇，右膝前顶，呈右弓步；同时右手上划至右肩前，左手下摆至身体左后方。

三

双手从小指开始，逐渐弯曲每个手指，直至握成拳，拳心朝上。同时，视线集中在右拳上。

四

上身右转，重心后移，右膝后压，左腿屈膝，同时右拳向右肩方向收回，做"倒拽九牛尾"的动作，左拳向腰部后方收回。眼睛跟随右手而动。

动作要点

1. 由腰部转动带动肩部转动，再由肩部转动带动右臂向后屈肘，腰、肩、肘三处动作连贯顺畅。
2. 右臂大小臂夹角约为60°。

五

吸气

上身左转，重心前移，右膝前顶，左腿伸直；同时右臂前探，左臂后摆。

六

身体重心再度后移，右膝后压伸直，脚尖抬起，左腿屈膝。

七

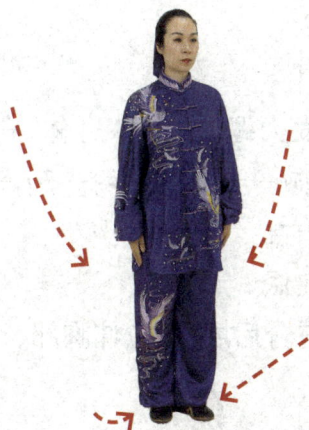

右脚向左拧转，脚尖朝前，身体也跟随左转。左脚并向右脚；同时双手变掌为拳，自然贴向身体两侧。

然后做一遍右式动作，即步骤二至步骤五的右式动作。右式与左式动作相同，方向相反。最后一个动作保留在步骤五的右式动作，如右图。

功理作用：旋转腰部的动作牵引着肩膀一同转动，能够对背部和腰部产生刺激，有助于提高脊柱的灵活性与伸展性，同时加速体内的血液流动，从而增强心脏和肺部的功能。

第六式
出爪亮翅势

一

接上式。上身回正，双拳变为掌，双臂向两侧水平举起，掌心朝前。眼睛看向前方。

二

左脚发力蹬地，支撑身体，右脚上前一步，双脚平齐，距离约同肩宽。

动作要点

双肩充分后展，以拉伸胸部。

四

双臂收向胸前，手掌向上竖起，掌心相对。

三

双臂水平摆向身前。

扫码学习

常见错误

容易双肩后展不充分,不能有效拉伸胸部。

呼气

常见错误

容易出现憋气现象。

五

双肩向两侧、向后伸展。

六

双手十指分开,向前推,掌心朝前。眼睛瞪圆,看向前方。

动作要点

1. 推掌时,力达指尖。
2. 腰部放松,脚趾牢牢抓地。

吸气

七

放松腕部,手指并拢下压。

八

双臂再度收向胸前,竖掌,指尖向上,掌心相对。

功理作用:通过交替进行推掌和收掌,对胸部肌肉和肩胛区域进行拉伸,有助于胸腔的扩张与收缩,从而改善呼吸功能,促进血液流通,并缓解肩颈部的紧张与不适。分开和合拢手掌以及睁大眼睛的动作,可以进一步促进血液循环。此外,脚趾抓地可以激活足底的穴位,有助于提升整体的健康状态。

第七式
九鬼拔马刀势

动作口诀

侧首弯肱，抱顶及颈，自头收回，弗嫌力猛，左右相轮，身直气静。

一

接上式。上身右转，小臂在身前横摆，左上右下，掌心相对。

二

右手摆向身体右后方，左手摆向头部左上方，双臂均伸展开。

三

上身左转面向前方，双臂侧平举，右手掌心向上，左手掌心向下。眼睛看向前方。

扫码学习

四

上身左转,右手向左摆至头部左侧,拂过左耳绕向头部后方,再屈肘。左臂摆向身后,贴向腰部,屈肘,使指尖向上(图片中未展示)。眼睛看向左下方。

五

头部转向右上方,右耳接触到右手的中指,眼睛看向右臂的肘部方向,动作停留片刻。

呼气

常见错误

容易双腿过度屈膝,膝盖向前不要超过脚尖。

常见错误

双肩容易一高一低,应保持水平。

动作要点

1. 转体要充分,注意含胸。
2. 左手沿背部上推要充分。
3. 有些练习者的头部扭转幅度不足以看到右脚脚跟,不必强求,根据个人身体情况来决定扭转幅度。

六

双腿屈膝,稍稍降低重心,同时上身向左下方扭转下俯,右手不动,左手沿着脊柱向上推。眼睛尽量看向右脚脚跟的方向。

七

吸气

双腿伸直，上身原路返回，回到正面站立姿势，左手向下返回腰间。眼睛看向正前方。

八

双臂摆向身体两侧，均保持水平姿势，左掌心向下，有掌心向上。

然后做一遍右式动作，即步骤四至步骤七的右式动作。右式与左式动作相同，方向相反。最后一个动作保留在步骤七的右式动作，如右图。

功理作用：通过身体的弯曲和伸展，可以对脊柱和内脏器官产生温和的按摩效果。这样的运动有助于提高脊柱的柔韧性，同时改善内脏器官的功能。

第八式
三盘落地势

上腭坚撑舌,张眸意注牙,足开蹲似踞,手按猛如拿,两掌翻齐起,千斤重有加,瞪睛兼闭口,起立足无斜。

一

接上式。左臂下摆,掌心向上,右臂上摆,掌心由向下变为翻掌向上,两臂侧平举。

二

右脚向右迈半步,内旋双臂,使掌心向下。

动作要点

双脚脚尖朝前。

呼气

三

双腿屈膝下蹲至最大限度,同时轻轻口呼"嗨"音。双臂下落,双手到达髋部两侧后,向上翻掌。

动作要点

1. 肩部放松,手臂稍稍弯曲。
2. 上身保持挺直。
3. 翻掌自然流畅。
4. 应从喉部发出"嗨"音。

常见错误

臀部易后翘,上身易前俯。

扫码学习

吸气

四

双腿伸直站起，双臂上抬至水平。

五

右脚向左脚迈半步。

功理作用：发出"嗨"音的练习有助于推动气体在胸腹之间流动，从而增强肺部的换气能力；通过重复进行大幅度的蹲起动作，可以有效增强腿部肌肉的力量，并提升腰部与腹部的核心稳定性。

注：下蹲动作可重复 3 次：在第 1 次重复时微蹲；在第 2 次重复时半蹲；在第 3 次重复时全蹲。

第九式
青龙探爪势

动作口诀

青龙探爪，左从右出，修士效之，掌平气实，力周肩背，围收过膝，两目注平，息调心谧。

一

接上式。双手从小指开始，逐渐弯曲每个手指，直至握成拳，拳心朝上。

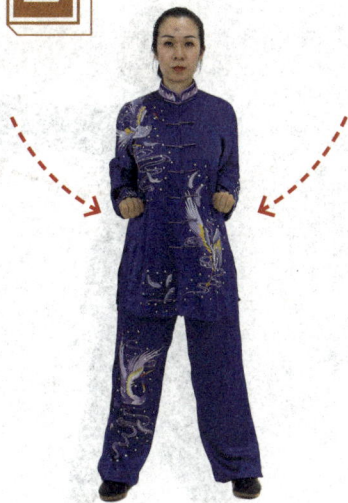

二

双拳收向腰间。

三

右手展开变为掌，右臂向右下方伸展开，再向右平举，掌心向上。眼睛看向右手的方向。

四

右腕向身体方向屈曲，右臂也稍稍弯曲，右手变为龙爪。

扫码学习

101

五

腰部向左扭转,上身朝左,同时右手经身前、下颌向左摆,手指朝向左,右臂伸展开。目光一直跟随右手动作转动。

动作要点

1. 右手经下颌向左水平摆出。

2. 用扭动腰部的力量带动上身左转。

六

右手变回掌,靠近左肩前方。

呼气

七

上身向左下方弯腰俯下,右手向下按向左脚的外侧,与脚踝高度保持一致,指尖朝向后方。眼睛看向左下方。

动作要点

1. 重心位于两脚中间。

2. 上身俯下的程度,可依照个人身体素质而定。

常见错误
双腿容易屈膝,或臀部未能跟随摆动。

八

右手向右摆，经过双脚前方摆向右脚外侧，上身也跟着向右扭转。然后外旋右臂，使右手的指尖朝后，从小指开始，逐渐弯曲每个手指，直至呈握固。

吸气

九

上身抬起，恢复到直立姿势，双手收向腰间。眼睛看向前方。

然后做一遍右式动作，即步骤三至步骤九的右式动作。右式与左式动作相同，方向相反。

功理作用：交替扩张和收缩两侧的肋骨，有助于调节内部器官的功能，促进气血的流动；通过腰部的旋转和侧向弯曲，以及对脊柱的拉伸，可以增强腰部肌肉的力量，提高脊柱的灵活性，同时改善肩部、颈部及背部肌肉的功能。

第十式
卧虎扑食势

两足分蹲身似倾,屈伸左右腿相更,昂头胸作探前势,偃背腰还似砥平,鼻息调元均出入,指尖着地赖支撑,降龙伏虎神仙事,学得真形也卫生。

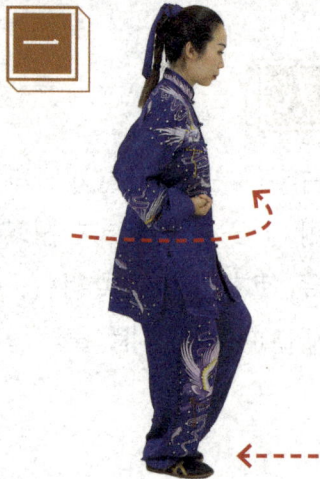

一

接上式。右脚撑地,身体左转90°。然后左脚撤向右脚,左膝上抬,左脚尖点地,变为丁字步。

二

双手上举至头部前方,肘部弯曲90°。

三

内旋双臂,使掌心向前的同时,双手变为爪,指尖向前。眼睛看向前下方。

四

呼气

左脚上前迈一大步,左膝前顶,变为弓步;同时双手向前下方扑去,最后双臂水平,十指屈曲,掌心向前。眼睛看向双掌之间。

扫码学习

五

右腿屈膝下压,左腿伸展,脊柱逐节屈曲,背部向后躬起,同时双手向下、向后移动。

动作要点

脊柱呈波浪形逐节屈曲和伸展。

六

脊柱逐节伸展,左膝再次前顶,变为左弓步,同时双手先向上、再向前,最后向下扑,直至双臂水平,掌心向前。

七

上身向前俯下,双手手指触地。

常见错误

容易耸肩,腰部容易上凸。

吸气

八

右膝压向地面,脚趾撑地,脚跟抬起;同时头部上仰,瞪眼看向前上方。保持动作片刻。

动作要点

1. 注意腰部下压,挺胸抬头。

2. 反弓动作完成时,停闭呼吸片刻。

九

双腿蹬地站起，双手逐渐握固。

十

进入右式动作。双手收向腰间，握固，左脚撑地，身体右转180°，然后右脚撤向左脚，右膝上抬，右脚尖点地，变为丁字步。

然后继续完成剩余的右式动作，即步骤二至步骤九的右式动作。右式与左式动作相同，方向相反。最后一个动作保留在步骤九的右式动作，如右图。

功理作用： 身体的大幅度屈曲、伸展，上身的上仰和下俯，能让身体得到全面的拉伸和放松；脊柱通过广泛、逐节的蠕动运动，可以增强其灵活性，同时增强腰部肌肉的力量。

第十一式 打躬势

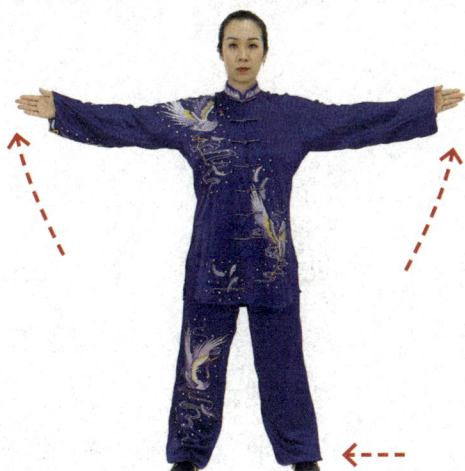

动作口诀

动作口诀
两手齐持脑，垂腰至膝间，头唯探胯下，口更啮牙关，掩耳聪教塞，调元气自闲，舌尖还抵腭，力在肘双弯。

一

接上式。身体左转回正，左脚向右脚靠近半步，然后双腿伸直，双臂向身体两侧抬至水平，掌心向前。眼睛看向前方。

二

双手贴向头部后方，保持掌心贴在双耳上，然后用食指弹拨中指叩击后脑，进行"鸣天鼓"，连续叩击3次或7次。

呼气

三

双手仍保持贴在后脑处，上身前俯，眼睛看向脚尖。保持动作片刻。

动作要点

1. 俯身时，先下颌内收，然后从颈椎开始，到胸椎、腰椎逐节屈曲，动作缓慢。

2. 双腿始终保持伸直。

3. 动作停顿时保持自然呼吸。

扫码学习

吸气

四

缓慢抬起上身,看向正前方。

动作要点

起身时,从腰椎开始,到胸椎、颈椎逐节
伸展,动作缓慢。

然后重复步骤三、四,重复 2 次,每次前俯的幅度更大一些,如下图。具体
前俯的幅度,可根据个人情况而定。

第 2 次前俯幅度

第 3 次前俯幅度

功理作用：通过让脊柱从颈椎到骶椎依次进行轻微的蠕动，可以
增强脊柱的灵活性，帮助身体放松，从而促进血液在全身的流动。
上身前俯的动作还有助于增强大脑区域的血液循环。

第十二式 掉尾势

膝直膀伸，推手自地；
瞪目昂头，凝神一志。

一

接上式。双掌快速向两侧斜下方拨耳，拨耳后，保持双手伸展开，掌心向前。

动作要点

拨耳前，可稍稍按压一下双耳。

二

双手聚拢收向胸前，竖掌，指尖向上，掌心相对。

三 呼气

双手水平前推。

四

双腕向内屈曲，使双手十指交叉，掌心向内。

扫码学习

109

五 吸气

双手收向胸前。

六

双手外翻,使掌心向前,再水平向前推掌,使手臂完全伸展开。

七 呼气

双手收向胸前后,向下翻掌,并伴随着上身前俯,将双掌下按至接触地面。

常见错误
双手容易跟随摆动,双膝容易弯曲。

八

抬头看向前方,腰部下沉。
动作要点
保持自然呼吸。

九 呼气

向左转头,同时臀部向左前方摆动。
动作要点
1. 转头和摆臀同时进行。
2. 动作缓慢、柔和,有力度。

十

吸气

头部、臀部回正，抬头看向前方。

十一

呼气

向右转头，同时臀部向右前方摆动。

十二

吸气

头部、臀部回正，抬头看向前方。

十三

双腿缓慢伸直，站立，同时外旋双臂，使掌心向前，最终双臂上抬至侧平举。眼睛看向前方。

功理作用： 通过俯身、摆臀和旋转头部的一系列动作，可以增强身体的协调能力。这些动作不仅有助于提升脊柱的灵活性，还能提高下肢的稳定性，并有效强化腰背部肌肉的力量。

收势

吸气

呼气

扫码学习

一

接上式。双手从身体两侧上抬至头顶上方，手臂稍稍弯曲，掌心斜对头顶。

二

双手经面前、胸前下按至腹前，再向身体两侧分开，双臂外旋，使掌心向前。

三

重复步骤一、二，重复2遍，第3遍双手下按至胸前时，转掌心向内。

四

双手下按至腹前，然后贴向身体两侧。左脚收向右脚。易筋经功法套路演练完毕。

功理作用： 通过调整呼吸，帮助身体放松，平稳地从练功状态过渡到日常状态。

第四章

六字诀

——声韵之道，滋养脏腑

一 六字诀的起源与发展

六字诀根植于中国传统文化，

融合五行学说和脏象学说，

体现了"天人合一"的古代宇宙观与生命观。

作为传统养生智慧的结晶，

六字诀不仅承载了中华文化的精髓，

更为现代人提供了一种

简单有效的身心调养方法，

具有促进健康、平衡身心的深远意义。

〖 六字诀的起源 〗

六字诀最早被记载于南北朝时梁代陶弘景所著的《养性延命录》中。陶弘景是道教茅山派的代表人物,同时也是著名的医药学家。在《养性延命录》中,陶弘景提出了六字诀的初步概念,即通过六个特定的发音——吹、呼、唏、呵、嘘、呬——来调整呼吸,这些发音与特定的脏腑相对应,用以治疗不同的疾病。

六字诀的锻炼核心在于呼吸吐纳,特别强调吐气发声时口型的变化和气息的流动。这一方法按照五行相生的顺序进行排列,依次为嘘、呵、呼、呬、吹、唏,体现了木生火、火生土、土生金、金生水、水生木的循环往复。古人在长期的生活和生产活动中,对人体生理与疾病的关系、运动和健康的关系、人与自然的关系等进行了深入思考,逐渐形成了这一独具特色的理论体系。

《黄帝内经》中也有提及与六字诀相关的养生理念,如"五脏坚固,血脉和调,肌肉解利,皮肤致密,营卫之行,不失其常,呼吸微徐,气以度行,六腑化谷,津液布扬,各如其常,故能长久",提出了"气以度行"的重要性。而《吕氏春秋》中则提到了运动对于维持健康状态的作用:"流水不腐,户枢不蠹,动也。形气亦然。形不动则精不流,精不流则气郁。"体现了古人对于呼吸和运动在养生中作用的深刻认识。

六字诀的练习方法,不仅是一种身体上的锻炼,更是一种精神上的修养。通过腹式呼吸和发音呼吸的结合,练习者可以达到形神合一的境界,进而提升身心健康水平。

〖 六字诀的发展 〗

从南北朝时期陶弘景所著的《养性延命录》较为完整地提出"六字诀"养生法,到近现代被广泛传播的六字诀形成,六字诀的发展历程既漫长又丰富,这是人们对健康和长寿不懈追求的表现。

隋唐时期,六字诀得到初步完善。隋代高僧智顗在其所著的《修习止观坐禅法要》中提到"心配属呵肾属吹,脾呼肺咽圣皆知,肝脏热来嘘字治,三焦壅处但言嘻。"这是最早出现的六字诀口诀。智顗记载了利用六字诀治病的方法,并将其应用于佛学修行中。唐代名医孙思邈对六字诀吐纳法中关于呼吸次数和深度等内容进一步细化,促进了六字诀的进一步发展。唐代胡愔所著的《黄庭内景五脏六腑补泻图》则重新阐述了六字诀与四季和脏腑的对应关系。

宋代邹朴庵的《太上玉轴六字气诀》对六字诀的理论与方法进行了详尽的论述,提出了具体的呼吸和读音方法,并增加了预备功,如叩齿、搅海、咽津等。明代以后,六字诀开始结合肢体动作,将吐纳与导引结合起来,形成了更加完整的健身体系。

近现代以来,六字诀得到了进一步的规范化和科学化,不仅在功法理论上保持了传统的五行学说和脏象学说,而且在呼吸口型、发声方法、动作导引等方面渐趋统一和科学化,更加符合现代人的健身需求。

二 六字诀的养生功效

六字诀的练习不仅有助于调节脏腑功能，还能增强气血流通，促进身心健康。通过长期的练习，可以提高身体的抵抗力，预防疾病，达到延年益寿的效果。

【 声音调息，引领呼吸之道 】

在古代，人们就已经意识到呼吸不仅是生命存在的基础，更是连接身体与精神的桥梁。六字诀正是通过呼吸的调节，来达到调和身心、强健脏腑的目的。

六字诀中用到的呼吸方式主要为自然呼吸、腹式呼吸和发音呼吸。其中，腹式呼吸能有效提升肺的通气量，改善肺功能，对于呼吸系统疾病有着积极的康复作用。当我们的肺部得到充分的气息交换，整个身体系统也随之受益，气血流通更加顺畅，身体的抵抗力自然增强。

此外，腹式呼吸还能促进内脏器官的活动，改善消化道的血液循环，促进消化吸收，防止便秘，加速体内毒素的排出，从而延缓衰老。对于脾胃功能、肝胆健康，以及血压调节都有着积极影响。

发音呼吸中，每一个字的发音都与特定的脏腑相对应。通过发声与呼吸的结合，我们不仅在锻炼肺部，也在按摩和调节我们的五脏六腑。这种内外兼修的练习方式，使得六字诀成为了一种全面的养生方法。

在练习六字诀时，我们通过声音的引导，将注意力集中在呼吸上，每一次的吸气和呼气都变得更加有意识、更加深入。这种有意识的呼吸练习，不仅能够增强我们的生理功能，还能够平静我们的心灵。

〖 行气活血，促进血液循环 〗

在六字诀的练习中，每一个字的发音都与呼吸紧密结合，通过腹式呼吸或自然呼吸的方式，增强肺部的通气量，改善肺功能。这种呼吸方式不仅提升了横膈肌的活动范围，还促进了腹腔内器官的血液循环。尤其是"呵"音的练习，中医认为，"呵"音练习对应心脏，通过发声可以调理心脏功能，促进气血循环，改善心悸、失眠等症状。

〖 舒缓情绪，养就平和之心 〗

在传统养生智慧中，养心被视为养生的首要步骤。"息"字的构造启示我们，只有当我们的注意力向内，心神不外驰时，我们才能开始内观自己的心灵。而呼吸，作为连接身体与心灵的桥梁，能够帮助我们抚平心绪，达到一种身心合一的宁静状态。六字诀的练习，正是通过调节呼吸，来帮助我们培养一种平和的心态。

六字诀中的每个字诀都对应着不同的脏腑，通过特定的呼吸和发声，不仅按摩了我们的内脏，也调和了我们的情绪。例如，"嘘"字诀有帮助疏肝解郁的作用。

练习六字诀时，我们可以选择一个空气清新、环境宁静的地方，穿着宽松的服装，这样不仅有利于动作的流畅，也有助于气血的自由流通，让我们的身心得到放松，心情变得舒畅，杂念逐渐消散，精神也变得更为安静和集中。

还有，练习结束后，简单的保健功法，如搓手、擦面、全身拍打或散步，也能帮助我们从练习状态过渡到日常生活，保持平和的心态。

〖 声强内脏，激活内在生机 〗

六字诀是一种呼吸吐纳技巧，它通过特定的六个发音——嘘、呵、呼、呬、吹、嘻——来调整和控制体内气息的流动，进而影响身体的肝、心、脾、肺、肾和三焦等脏腑的功能。这一方法不仅是一种声音的练习，更是一种深层的气息调控和内脏按摩。

通过长期练习六字诀，可以提高身体的抵抗力，促进气血流动，增强内脏器官的功能，使五脏六腑充满了动力，自然人体也就充满了活力。

从中医养生角度来看，呼吸不单是肺的工作，"肺为气之主，肾为气之根"，肾也兼有摄纳肺所吸入的清气、防止呼吸表浅的作用。如果肾的纳气功能正常，那么呼吸就会均匀、调和；相反，如果肾不纳气，就会出现动辄气喘、呼多吸少的病象。只有肺肾相合，才能共同维持人体的呼吸运动。

总之，六字诀通过声音的振动和气息的调控，深入地激活了内脏的生机，促进了气血的流动和脏腑的健康。

三 六字诀的发音口型

发音与口型是六字诀的核心要素，正确的口型和发音能够确保气息的准确引导，从而达到养生保健的效果。

【 发音与口型练习 】

"嘘" 字诀

音 xū。

发音步骤：1. 唇齿微张，发"x"音；

2. 双唇向两侧展开发"ü"音。

口型：口型扁，臼齿（磨牙）上下平行，唇角向两侧展开，稍稍紧绷，从舌的两侧呼出气体。

说明："发音与口型练习"中，字母皆为汉语拼音。

"呵" 字诀

音 hē。

发音步骤：1. 唇齿微张，发"h"音；

2. 将舌尖轻抵下腭发"e"音。

口型：下颌放松，唇齿保持自然张开状态，舌头稍稍上拱，舌头两侧稍稍贴臼齿，舌尖抵在下腭，从舌身与上腭之间呼出气体。

"呼" 字诀 |

音 hū。

发音步骤：1. 唇齿微张，发"h"音；
　　　　　2. 双唇聚圆发"ü"音。

口型：双唇聚圆，舌头两侧卷起，从喉咙呼出气体。

"呬" 字诀 |

六字诀中，此字发音为 sī。

发音步骤：门牙上下对齐时发"sī"音。

口型：双唇微翘，门牙轻轻咬合，舌头放平前伸，从齿间呼出气体。

"吹" 字诀 |

音 chuī。

发音步骤：1. 舌抵上齿内侧，发"ch"音；
　　　　　2. 双唇靠近，舌尖离开上齿，放平，发"u"音；
　　　　　3. 双唇后展，舌抵下齿内侧，发"i"音。

口型：双唇向双侧展，舌身向后撤，气体从舌头两边通过，再绕向舌头下方呼出。

"嘻" 字诀 |

音 xī。

发音步骤：吐气发"xī"音。

口型：双唇似微笑，舌抵下齿内侧，上下臼齿轻咬，呼出气体。

四 六字诀的功法演练

预备势

六字诀的每个字诀,针对不同的脏腑,通过腹式呼吸和特定的口型发声,练习者能达到内外兼修的效果。长期练习有助于调节脏腑功能,缓解压力,增强体质,预防疾病。

扫码学习

一

双脚并拢站立,双臂垂放,双手自然贴在身体两侧;双肩放松,下颌内收;双唇轻闭,舌尖轻触上腭。

二

重心移向右脚,提左脚,向左迈一步,脚尖朝前,两脚距离约同肩宽。

动作要点

1. 保持周身放松,双腿不要伸展过直。自然呼吸。

2. 保持重心稳定。

功理作用: 保持身体端正, 呼吸均匀, 有助于集中注意力, 增强对身体和动作的专注, 帮助练习者快速进入练习状态。

起势

扫码学习

一

二

接上式。双手从身体两侧摆至小腹前，掌心向上，指尖相对。

双手继续上托，与胸同高。

动作要点

1. 向上托掌时，稍稍含胸。

2. 肘部稍稍前摆，而不是向后夹。

三

四

内旋双臂，使双手掌心向下。

动作要点

动作缓慢、流畅。

双手向下按掌，直至小腹前。

五

身体后坐,双腿稍稍屈膝,同时内旋双臂,使双手掌心朝向前下方,双手向前下方慢速拨出。

动作要点

髋部下沉,双臂稍稍弯曲,呈弧形。

六

外旋双臂,使掌心向内。

七

双腿伸直站立,双手相叠,虎口相交,贴在肚脐上方。保持静养片刻。

功理作用:通过双掌的上托和下按,以及双腿的弯曲和伸直,可以增强身体的协调能力,让身体得到充分的伸展,促进血液循环,从而快速进入练习状态。同时,双腿有节奏地弯曲和伸展,有助于改善腰椎和下肢关节的功能。

第一式 嘘字诀

扫码学习

一

接上式。双手分开,掌心向上,且分别收向腰部两侧,小指贴腰。

二

口呼气

常见错误

上身容易前俯或后仰。

上身左转 90°,同时右手保持掌心向上,穿向左上方,使右臂完全打开。穿掌的同时,轻呼"嘘"音,且双眼逐渐瞪圆,看向右手的方向。

动作要点

1. 双脚不动,身体中线始终保持垂直于地面。

2. 穿掌与口呼"嘘"音同时进行。

3. 转体时,腰部发力带动上身旋转与穿掌。

三

鼻吸气

身体右转回正,右手原路返回,收向右侧腰间。

动作要点

身体回正时,腰部发力带动上身旋转与收掌。

四

口呼气

五

鼻吸气

上身右转 90°,同时左手保持掌心向上,穿向右上方,使左臂完全打开。穿掌的同时,轻呼"嘘"音,且双眼逐渐瞪圆,看向左手的方向。

重复步骤二至步骤五 2 次。本式中共发"嘘"音 6 次。

身体左转回正,左手原路返回,收向左侧腰间。

功理作用:配合呼吸发出"嘘"音,能够促进胸腔和腹腔的活动,从而对内脏器官的功能产生积极影响,特别是对肝脏及心肺系统的健康大有裨益;同时,转身和穿插手掌的动作能够深度活动胸腔和四肢关节,以刺激内脏,促进其功能提升,并增强脊柱和肩关节的灵活性。

第二式 呵字诀

扫码学习

一

接上式，双手不离开身体，肘部稍稍顶向后上方，指尖朝向前下方。

二

双腿稍稍屈膝，使重心下降，双手慢速向前下方45°方向插掌。眼睛看向双手的方向。

三

常见错误
捧掌容易太随意，或指缝过宽。

双手在身前相合，捧掌。
动作要点
捧掌如捧水，可在意识里尽量多捧一些水。

四

双腿伸直站立，双手保持捧掌，收向胸前，手同颈高，掌心向内。眼睛看向前方。

五

肘部向身体两侧抬起,双手顺势向下转掌,掌背相贴。

六

口呼气

一边口呼"呵"音,一边双手缓慢垂直下插至腹前。

鼻吸气

七

双腿稍稍屈膝,同时双臂向两侧打开,直至双臂撑圆,掌心朝向前下方。

双臂外旋至恢复步骤三中双掌在身前相合的动作,随后重复步骤三至步骤七5次。本式中共发"呵"音6次。

功理作用:配合呼吸发出"呵"音,能活动胸腔和腹腔,对心脏功能的提升大有裨益;同时,通过活动双手和腕部,可以提高手臂、手腕和肩部的灵活性,激活神经末梢,促进血液流动。双腿有节奏地弯曲和伸直,有助于提升腰椎和下肢关节的活动能力。

第三式 呼字诀

扫码学习

一

接上式。双臂外旋，使双手掌心向内。

二

鼻吸气

双腿伸直站立，双手向身体方向收回，至距离腹部约10厘米。

三

口呼气

双腿缓慢屈膝，双臂向两侧打开，撑圆，同时口呼"呵"音。

动作要点

1. 双手向外打开的同时，头部上引，髋部下沉。

2. 动作最后，双手掌心与脐部之间，约形成一个等边三角形。

重复步骤二、三 5 次。本式中共发"呼"音 6 次。

功理作用： 发"呼"音与呼吸、手掌的开合动作相互配合，不仅能促进胸腔和腹腔的运动，还能有效刺激内脏器官，提升其功能，尤其是脾胃、心肺功能。

第四式 呬字诀

扫码学习

一

接上式。双手从身体两侧向下摆至腹部前方。

二

双腿伸直站立的同时,双手保持掌心向上,上托至胸前,小臂呈水平状。

三

肘部下压并夹住两肋,使双手在胸前竖起,掌心相对。

四

常见错误

容易耸肩,或忽略向两侧展肩

肩部外展,肩胛骨向背后靠拢,此时双手距离跟随变宽。然后头部后仰,缩头缩颈。眼睛看向前上方。

动作要点

下颌稍稍内收。

五 口呼气

双腿缓慢屈膝下蹲的同时，双手向前推掌，且口呼"呬"音，放松双肩和颈部。眼睛平视前方。

六 鼻吸气

双手外旋 90°，然后屈腕，使掌心朝内，指尖相对。

动作要点

双手手掌距离约同肩宽。

七

双腿伸直站立，双手收向胸前，与胸部保持约 10 厘米的距离。

重复步骤三至步骤七 5 次。本式中共发"呬"音 6 次。第 5 次重复时，只做到步骤五即可，保持在步骤五的动作，如右图。

功理作用：发"呬"音与呼吸相配合，加上展肩、收缩头部和颈部，能有效促进胸腔和腹腔的全面运动，强化呼吸系统功能。缩头、缩颈、推掌均能刺激肩颈部的关节，有助于缓解肩颈部的不适。

第五式 吹字诀

扫码学习

一

接上式。伸展双腿站立,双手变为掌心向下,手臂呈水平状。

二

双臂向身体两侧水平打开,并稍稍内旋,使掌心朝向后下方。

三

双手向后、向下划,贴向后背腰间位置,掌心贴于腰眼位置(约在臀部靠上的脊椎两侧位置)。

四

口呼气

缓慢屈膝下蹲,同时口呼"吹"音,双手顺着腰部向下划至大腿两侧。

动作要点

双手下划过程中,大臂不动。

五

小臂向前水平抬起，双手掌心相对，指尖朝前。

六

鼻吸气

双腿伸膝站起，双手贴向腹部，虎口相对。

七

双手沿带脉（环腰部一周，与脐部持平）摩运至背部腰眼位置，并用掌心贴腰眼。

重复步骤四至步骤七5次。本式中共发"吹"音6次。第5遍重复时，只做到步骤五即可，保持在步骤五的动作，如右图。

功理作用：发"吹"音配合呼吸，加上双手对腰部的按摩，可以有效地刺激腹部和腰部的内脏器官，尤其是肾脏；同时也能加快腰部血液循环，增强腰腹部肌肉的力量。

第六式 嘻字诀

扫码学习

一

接上式。双手从身体两侧向下摆至腹部前方。

常见错误
容易伸膝。

二

内旋双臂，使双手掌心向外，且掌背贴掌背。低头眼睛看向双手。

三

双腿伸直站立，双手上提至胸前。

四

双手向两侧斜上方打开，直至大臂水平，小臂与地面约呈 45°角。抬头眼睛看向前上方。

常见错误
大臂容易没有呈水平状态。

五

保持大臂不动,双手聚拢收向胸前,掌心向下,小臂水平。收下颌,眼睛平视前方。

六

口呼气

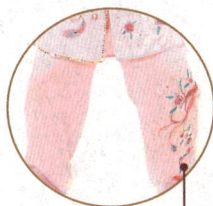

常见错误
容易忘记屈膝。

缓慢屈膝下蹲,双手下按至腹前,同时口呼"嘻"音。

鼻吸气

七

双臂向两侧打开,和手背形成圆形弧度,掌心朝向侧下方。

然后双手手背向下移动至于腹前相贴,重复步骤二至步骤七5次。本式中共发"嘻"音6次。

功理作用:发"嘻"音配合呼吸,能促进胸腔和腹腔的运动,有效刺激内脏器官,提升心肺功能。双臂动作可拉伸全身,促进血液循环,增强身体柔韧性。"嘻"字的发音唇形能帮助练习者保持好心情。

收势

扫码学习

一

接上式。双臂外旋,使掌心朝向前方。

二

双手向腹前合抱,高同脐部。

动作要点

双手掌心与脐部之间,约形成一个等边三角形。

常见错误

双手容易高于或低于脐部,或按摩方向不对。

三

双腿伸膝站直,双手上下相叠,虎口交叉,放置于肚脐上。保持动作片刻,然后以脐部为中心,分别进行顺时针和逆时针按摩。

四

左脚收向右脚,与右脚并拢站立,双手自然贴于身体两侧。六字诀功法套路演练完毕。

功理作用:通过调整呼吸,帮助身体放松,平稳地从练习状态过渡到日常状态。

第五章

马王堆
导引术

——导气令和，引体令柔

一 马王堆导引术的起源与发展

马王堆导引术是中国传统
养生文化的珍贵遗产，
有疏通经络、调和气血、强健体魄之效。
马王堆导引术的动作古朴优雅，
注重形、气、神三位一体，
不仅具有深厚的历史价值，
更为现代人提供了一种易于
实践的身心调养方式。

〖 马王堆导引术的起源 〗

导引术,作为古人在与自然和疾病抗争中形成的智慧,是一种旨在提升身体机能、激发人体潜力的锻炼方法。它综合了呼吸调节、身体姿势、身心放松和意念集中等多种元素,以实现强身健体和预防疾病的目标。

马王堆导引术植根于于古人对长寿与健康的不懈追求。早在《尚书·洪范》中已经有五福概念的记载:一曰寿,二曰富,三曰康宁,四曰攸好德,五曰考终命。它已经将长寿、健康作为人生的重要福祉,反映了古人对生命养护的高度重视。

20 世纪 70 年代初,在湖南长沙马王堆汉墓的考古发现,为这一传统健身方法提供了实物证据。在这次发掘中,考古学家发现了一幅残破的彩色帛画,经过精心修复,为人们展示出一幅包含 44 幅小图的《马王堆导引图》。在这些图像中,不同年龄和性别的人摆出各种姿势,旁边还标注了相应的术式名称,为后人研究和复原马王堆导引术提供了宝贵的视觉资料。

这幅帛画的发现,不仅证实了导引术在汉代的流行,也表明了这一健身方法的实践已经相当成熟。

〖 马王堆导引术的发展 〗

在漫长的历史发展过程中,马王堆导引术不仅是一种锻炼身体的方法,更是一种文化传承。它融合了阴阳学说、经络学说,以及脏象学说等,是中国传统养生文化的重要组成部分。

到了现代,马王堆导引术得到了进一步的、系统的整理和规范化,更加适应现代人的健身需求,并成为全民健身项目之一。研究表明,这一健身功法能够有效改善心血管系统、呼吸系统、消化系统的功能,提高身体的抵抗力和免疫力。

二 马王堆导引术的养生功效

马王堆导引术模拟了动物形态，有很多开合提落、旋转屈伸、抻筋拔骨等动作，有显著的养生功效，使得身体在放松的同时，激活了内在的生机。

【 调和气血，激发活力 】

马王堆导引术通过一系列设计精巧的动作，配合呼吸，来促进气血的流动，从而达到强身健体的效果。

《庄子·知北游》中曾提到"气"，认为无论是人的形体和精神，都源于"气"。马王堆导引术正是基于这一理念，通过动作的开合、旋转、屈伸，以及呼吸的深浅，来调节和引导气血，锻炼身体，培养精神，实现了身心的和谐统一。

练习马王堆导引术时，每一个动作都要求与呼吸相协调，以此来加强气血的循环。这种内外结合的锻炼方式，不仅能够提高身体的柔韧性和力量，还能够促进心肺功能，增强免疫力，从而提升整体的生命力。

【 放松肌肉，养护身心 】

马王堆导引术以"治未病"的养生理念为核心，着重于通过柔和的动作和深度的呼吸来放松肌肉，从而促进身心的愉悦与和谐。其动作舒展自如，使得肌肉在运动中不会感到紧张或僵硬。这种轻飘徐缓的动作，有助于缓解肌肉的紧张状态，让身体感受到一种深度的放松和舒缓。

呼吸控制是马王堆导引术中的另一个关键要素。通过深、细、长、匀的呼吸，练习者能够进一步放松肌肉。

此外，练习马王堆导引术时，通过放松精神和平静意识，练习者能够将注意力从日常的烦恼和压力中转移开来，使精神和肌肉均能得到放松。

〖 缓解压力，保持平静 〗

在练习马王堆导引术时，练习者被引导进入一种外在动作活跃而内心保持平静的状态。这种状态要求练习者在动作中寻求静谧，通过身体的运动来培养精神的宁静。内心的宁静有助于集中精神，而精神的集中又是培养气血、滋养生命活力的基础。通过持续的练习，可以实现意志、气息和形态的统一，达到内外合一，形神兼备的境界。

这种练习方式要求从始至终保持放松，无论是精神还是肢体，都应处于一种放松的状态。通过有节奏、协调、缓慢和柔和的运动，可以有效地降低身体的紧张度，减少交感神经的张力，从而促进血液循环，缓解精神压力。这对于忙碌的现代人来说，是十分适宜的运动。

三 马王堆导引术的手型、步法和桩功

马王堆导引术的步法和桩功，与其他健身功法中的步法、桩功类似，这里再补充两种步法（后坐步和八字步）和两种桩功（推山桩、降龙桩）。

〖 手型练习 〗

勾手

 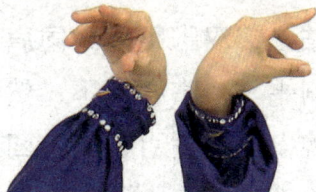

单手勾手　　　　　　双手勾手

手掌伸出，五指自然屈曲。

〖 步法练习 〗
后坐步 ┃

双脚一前一后站立，全脚掌踩实地面，上身向后坐，后腿屈膝，前腿伸直。

八字步 ┃

站立，双脚脚跟相贴，脚尖向两侧分开，夹角约为90°，从前面看，如同"八"字一样。

〖 桩功练习 〗
推山桩 ┃

双脚开步站立，双脚距离约同肩宽；双臂侧平举，掌心向下，然后双手沉腕，由中指引领其余四指向上立掌，掌心向外，指尖向上，向两侧推掌，力在掌根；目视前方。

四 马王堆导引术的功法演练

预备势

马王堆导引术功法，动作柔和绵缓，呼吸深长均匀，强调在动作中寻求内心的平静，通过身体的舒展与呼吸的协调来达到形、气、神的和谐统一。下面将具体介绍马王堆导引术功法。

扫码学习

双脚并拢站立，双臂垂放，双手自然贴在身体两侧；双肩放松，下颌内收；双唇轻闭，舌尖轻触上腭。

动作要点
腰背挺直，双膝伸直，脚尖朝前。

功理作用：保持身体端正，呼吸均匀，有助于集中注意力。

起势

扫码学习

一 吸气

二 呼气

常见错误
容易忘记提踵。

接上式。左脚向左迈一步,使双脚距离与肩同宽。然后外旋双臂,使掌心向前,小臂上抬,双掌上托至约同脐高,同时双脚稍稍提踵。眼睛看向前下方。

动作要点
双手上托时,头部也向上竖直。

内旋双臂,使双手掌心向下,然后慢慢下按至髋部两侧,同时双脚跟落地。眼睛平视前方。

三

功理作用: 通过手臂的上托、下按、翻转动作,以及脚跟的提起,可以激活四肢的神经末梢,促进血液流通;另外,也有助于静下心来,为接下来的练习做好准备。

双手下垂,自然贴于身体两侧。

第一式 挽弓

扫码学习

一 吸气

接上式。双臂上举，双手约同肩高，掌心斜对身体。

二 呼气

双手收向胸前，向上竖起，指尖朝上，掌心相对。

动作要点

双手与胸部中心同高，双手距离约为 10 厘米。

三 吸气

双手向两侧稍稍分开，双手距离与肩同宽。

四 呼气

双手沿原路返回，再次向胸前聚拢。

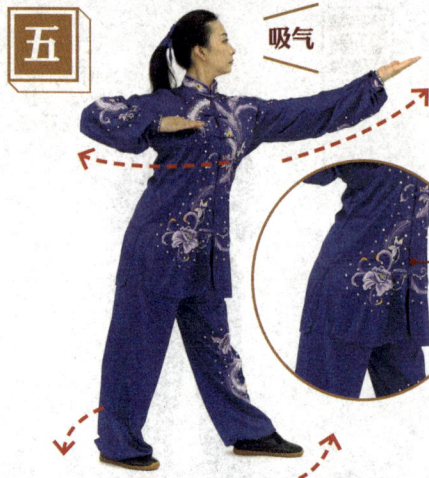

五 吸气

常见错误
顶髋与摆臂
动作不协调。

六 呼气

左脚尖左摆 90°，右脚跟向外拧转，身体左转 90°，向右顶髋摆臂；同时，左手向左摆至手高于肩，右手向后屈臂，至右手位于右肩前呈挽弓式，下颌稍上抬。眼睛看向左手。

动作要点

1. 保持肩部放松，抬头、展肩、扩胸。

2. 顶髋幅度根据个人状况而定。

进行右式动作，即步骤三至步骤六的右式动作。

双脚原路返回，使身体重新朝向前方，双手重新收向胸前，回到步骤二的状态。

七

双手沿身前下按，到腹部前方后，自然收向身体两侧。

功理作用：双臂的摆动，尤其是挽弓动作，能拉伸全身，有助于血液循环流畅。通过顶髋、抬头、展肩的动作，可以深度激活脊柱，减轻肩颈部和腰部的疼痛，增强脊柱的灵活性。

第二式 引背

扫码学习

一

接上式。上身俯下,拱背,然后内旋双臂,使双手掌心朝外,向前、向下插至手臂伸直,且手臂和身体保持30°夹角。眼睛看向双手。

吸气

二

屈右膝,身体重心放在右腿上,上身转向左前方。与此同时,双臂前抬至水平,掌背相对。眼睛看向左前方。

呼气

三

左脚向左前方迈步,脚跟着地;同时,外旋双臂,使双手掌心向上,双手收向肋部,然后向后旋转手腕,使双手沿肋部向后摩运。

吸气

四

重心前移,右腿伸直,脚跟抬起;同时双手向前上方摆至双臂水平,手背相靠。

五

右腿稍稍屈膝,身体后坐,拱背,手腕压向两侧,双手成勾手。收下颌,低头,眼睛看向双手之间。

动作要点

背部充分拱起。

常见错误

容易出现没有向前看的错误。

六

呼气

重心前移至左脚,右腿伸直,脚尖点地,上身舒展抬起,双手变为掌,且下按至身体两侧,与髋同高。眼睛看向左前方。

然后进行右式动作,即步骤一至步骤七的右式动作,但步骤七的右式动作需要将右脚直接收向左脚并拢,如右图所示。

七

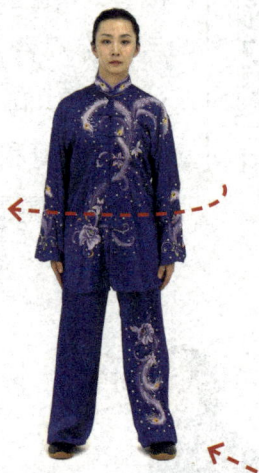

左脚后撤至与右脚平齐,距离约同肩宽,身体朝前;同时双手自然贴向身体两侧。

功理作用:伸臂、拱背的动作,不但能激活肩胛部位的肌肉,还能激活颈椎,减轻肩膀、颈部和背部的不适,矫正颈椎的弯曲角度。弯腰、摩肋挤压、刺激胸腔,可增强心脏和肺部的功能。

第三式 凫浴

一

接上式。双腿稍稍屈膝,左脚向左跨一步,双手向右摆约45°,掌心斜向后。眼睛看向右手。

二 吸气

右脚并向左脚,稍稍屈膝,向右顶髋,双手同时向左上方摆动,右手位于左胸前。头部先跟随左手向左转,双手动作完成后,向右转头。眼睛看向右前方。

动作要点

顶髋和摆臂的幅度,可随着练习程度提升,逐渐增加。

三 呼气

双腿继续下蹲,同时依靠腰部转动的力量,上身先向前、再向右画弧,双臂向右上方抱圆。眼睛看向右手。

动作要点

利用腰部的力量带动手臂摆动。

四

吸气

五

呼气

双腿伸直站立,双手摆向头顶上方,弯曲双臂抱圆。眼睛看向双手之间。

双手沿身前下按,到腹部前方后,自然收向身体两侧。

然后进行右式动作,即步骤一至步骤五的右式动作,右式与左式动作相同,方向相反。

功理作用:通过顶髋和腰部旋转的动作,可以充分刺激腰椎,让腰椎更灵活,腰部肌肉更结实,身体的稳定性也会因此而更好。大幅度摆臂动作则能够活动肩关节,提高肩部的灵活性,减轻肩颈部的不适。

第四式 龙登

扫码学习

一 吸气

接上式。双脚尖外摆变为八字脚。然后双掌贴着身体两侧向上摩运至腋下,然后旋腕,掌心斜向上。

二 呼气

蹲下,双膝展向两边;同时双手插向前下方,接近地面,小指相贴。眼睛看向双手。

三

内旋小臂,屈肘,使双手掌心相对,掌根相贴,屈肘使指尖向上如莲花。眼睛看向双手之间。

四 吸气

双腿伸直站立,双手上升至胸部,然后分别向两侧上摆,高度过顶,双臂微微弯曲。眼睛看向前上方。

五

常见错误
容易忘记双手下压。

脚跟上提的同时,双手向两侧下压,使手掌与地面平行。眼睛看向前下方。

六

呼气

脚跟着地,双手下按至胸前。眼睛看向前方。然后外旋双臂,使双手掌心朝上。

七

双肩向后扩展,手腕屈曲,使中指指尖接触腋下大包穴,并按压大包穴。

八

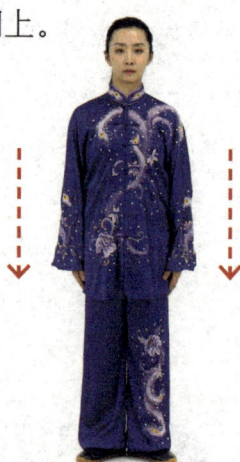

双手贴着身体两侧向下摩运,最后自然贴向身体两侧。

功理作用:下蹲的动作能刺激并按摩内脏,增强内脏功能。提踵动作能锻炼小腿肌肉,提高身体的平衡性。四肢的屈伸能活动多个关节,缓解颈部、肩部和腰部的不适,并提升呼吸系统的功能。

第五式 鸟伸

扫码学习

一

接上式。双脚脚尖不动,脚跟展向两侧,使双脚平行,脚尖朝前。

二 吸气

双腿微微屈膝的同时,双臂摆向身体两侧,大臂与身体约呈 45°夹角,小臂垂向地面,掌心向后。

三 呼气

双腿加大屈膝程度;同时双臂外旋,使掌心向上。

153

吸气

四

双肩向后仰的同时,向前顶腰,双
手向后、向上摆,充分舒展双肩和
手臂。

五

上身前俯,向后顶腰,带动双手向
后、向上再向前,按照弧形路线画
圆,直至位于头顶斜上方。

动作要点
用腰部的力量带动双臂摆动。

呼气

常见错误
容易忘记抬头。

六

上身继续前俯,直至约与地面平
行,双手也伴随身体的前俯,向下
按至与踝同高,双臂垂于地面。抬
头,眼睛看向前方。

七

躯干从腰椎开始,然后是胸椎、颈椎,依次向下、向内卷动。指尖下垂,掌心朝向后方。

动作要点

内卷时,感受从腰椎到胸椎、颈椎的的卷动动作。

八

吸气

上身抬起,与水平面夹角约为45°,双手保持下垂,跟着上身提升至与双膝同高。下颌稍稍抬起,眼睛看向前下方。

九

呼气

上身第二次前俯,回到步骤六的状态,即双手下按至与踝同高,头部上抬,眼睛看向前方。

十

上身抬起,回到直立姿势,双手自然收向身体两侧。

功理作用:身体向前弯曲带动脊柱向前卷曲的动作,能够深度激活脊柱,使它变得更灵活。手臂的大幅度摆动,有助于缓解颈部、肩部及腰部和背部的多种不适。

第六式 引腹

扫码学习

吸气

接上式。左脚贴向右脚，双脚并拢。然后双臂向身体两侧抬起，平行于地面。

动作要点

此式，始终保持双腿并拢。

二

右膝稍稍弯曲，向左顶髋的同时，内旋左臂，使左掌心朝后；外旋右臂，使右掌心朝上。

动作要点

双手动作流畅。

三

让身体恢复至步骤一的直立姿势，然后左腿稍稍弯曲，向右顶髋的同时，内旋右臂，使右掌心朝后；外旋左臂，使左掌心朝上。

四

站直，左手经头部左侧向上、向右画圆，落在右肩前；右手向下、向左画圆，从左臂内部穿过，向上穿至左肩前。双手交叉，左臂在外。

吸气

五

向左顶髋的同时，右手经面部左前方摆向头顶，掌根向上撑起；左手则向下撑到左髋旁。眼睛看向左前方。

动作要点

向上撑掌时，中指与该侧肩部上下对齐。

常见错误
撑掌时没有撑力。

然后进行步骤四、五的右式动作，如右图。

六

呼气

恢复直立站姿，双手自然贴在身体两侧。眼睛看向前方。

功理作用： 顶髋能活动脊柱，并按摩内脏，有利于提升脊柱灵活性和内脏功能。摆臂能使全身得到拉伸，促进血液流通，加强心脏和肺部的功能。

第七式 鸥视

扫码学习

吸气

呼气

一

接上式。身体左转约 45° 的同时,双手在身前上抬至约同胸高。眼睛看向左前方。

二

左脚迈向左前方的同时,双臂屈肘,使双手掌心向上,双手向后收向肋部,再向后旋腕,使双手沿肋部向后摩运。

吸气

三

左脚尖着地,重心前移向左脚,右腿伸直,脚跟抬起;同时双手变勾手,沿身体两侧向前上方摆至头顶上方,手背相对。

四

右脚向前踢出,脚面绷直,且脚掌水平。

常见错误
容易犯勾脚不
充分的错误。

呼气

五

右脚尖上翘的同时，双肩向后伸
展，手掌下压，抬下颌，眼睛看向前
上方。

动作要点
双手向后带动双肩后展。

六

右脚回撤，左脚尖上翘，上身稍稍
右转，朝向正前方；同时双臂下落
至水平，手腕下压，使掌心向外。眼
睛看向前方。

然后进行右式动作，即步
骤一至步骤七的右式动
作，但步骤七的右式动作
稍稍不同，需要将右脚向
后撤一步后，与左脚平
齐，间隔一个肩宽的距
离，如右图。

七

左脚向右收向右脚，呈并拢站立
姿，双手自然贴向身体两侧。

功理作用： 摆臂、展肩
能激活肩关节，让双肩
更灵活，并缓解肩部不
适。勾脚尖、踢脚动作
能刺激下肢关节，提升
小腿肌肉力量。

第八式 引腰

扫码学习

一 吸气

接上式。双手向腹前收拢，虎口相对，拇指相接且与脐等高。

二

双手向背部水平摩运至脊椎两侧。

三 呼气

双手撑在后腰上，向前顶，上身后仰。下颌稍稍内收。

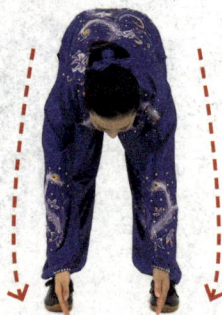

呼气

四

上身抬起的同时，双手贴身后向下摩运，经过臀部、腿部后侧、脚踝后侧，然后再沿双脚外侧向前摩运至脚尖，上身跟随向前俯下，眼睛看向双手中间。

动作要点
摩运速度要慢一些。

吸气

常见错误
容易忘记提肩或转头。

五

腰部发力向左转，左肩跟随向上提，头部跟随向左转90°。眼睛看向左侧。

六

腰部向回扭转,带动左肩和头部还原为步骤四的状态。

七

腰部发力向右转,右肩跟随向上提,头部跟随向右转 90°。眼睛看向右侧。

八

腰部再次向回扭转,带动左肩和头部还原为步骤四的状态。

九

身体直立,双手沿身前提至胸前,掌背相贴。眼睛看向前方。

十

双手沿身体下降至腹前,再自然贴向身体两侧,左脚并向右脚。

功理作用:上身的前倾、后仰和腰部顶起动作,不仅能拉伸腰背肌肉,还能按摩内脏,从而提升内脏器官的功能。摆臀、转头能激活脊柱,增强脊柱尤其是腰椎和颈椎的灵活性。

第九式 雁飞

扫码学习

一

接上式。双臂沿着身体两侧上抬至水平。眼睛看向前方。

二

吸气

左臂外旋使掌心向上,左臂上抬的同时,右臂下压,双臂始终在一条直线上。然后向左转头,眼睛看向左手。

动作要点
动作缓慢而舒展。

三

双腿保持并拢,屈膝下蹲。

四

向右下方转头,眼睛看向右手方向。

五

双腿伸直站立,双臂水平举起,掌心向下。眼睛看向前方。

然后进行右式动作,即步骤二至步骤五的右式动作。

六

双手下摆,自然贴向身体两侧。

功理作用：双臂的伸展和双腿的屈伸，可以使全身得到充分拉伸，促进血液流动，进而强化心脏和肺部的功能。

第十式 鹤舞

扫码学习

一

接上式。双腿先屈膝,左脚向左迈一步,然后双腿伸直。双腿伸直的同时,左臂摆向左前方,右臂摆向右后方,都保持水平。

吸气

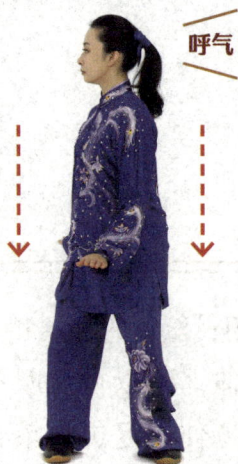

二

双腿稍稍屈膝,身体稍稍右转;同时双手下按,约和腹部同高。向右转头,眼睛看向右方。

呼气

三

双腿伸直站立,双臂上抬至水平。

吸气

四

呼气

双腿稍稍屈膝，双手水平收向胸前，掌心向外。

五

双腿伸直站立，双臂向肩部两侧水平缓慢推掌，掌心向外，指尖向上。眼睛看向右手。

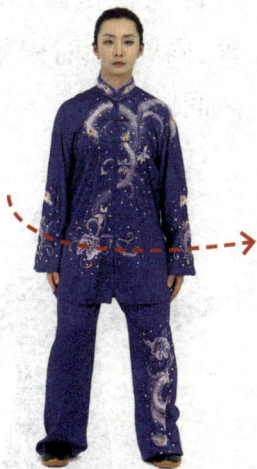

六

双腿稍稍屈膝，身体和头部回转到正面，双手自然贴向身体两侧。眼睛看向前方。

进行右式动作，即步骤一至步骤六的右式动作，右式与左式动作相同，方向相反。

功理作用： 通过双臂的摆动和身体的旋转，可以有效活动肩关节和脊柱，刺激肩部、颈部、腰部和背部的肌肉，使身体得到充分舒展与放松，促进血液流动，增强心脏和肺部的功能。

第十一式 仰呼

一 接上式。伸腿站直,双臂向身前水平抱圆。

吸气

二 双臂保持抱圆,向上抬至头顶,同时抬头,眼睛看向双手之间。

呼气

常见错误
容易颈部紧张。

三 双臂保持微微弯曲,双手向两侧落下至与肩同高；同时塌腰,胸部上挺。

四 身体和头部回正挺直,双肩稍稍向后扩展。眼睛看向前方。

五

双臂依靠肩关节的扭转，从后向前画圆，并且内旋双臂，掌心朝下。

六

双手下放，自然贴向身体两侧。

常见错误
容易忽略肩部放松。

七

双手从身体两侧上提至腰部，双脚提踵。

动作要点
保持双肩放松。

八

双脚落地，双腿屈膝，双手自然贴向身体两侧。

功理作用：张开双臂和扩展胸部的动作能够扩展胸腔，从而增强心脏和肺部的功能；而提起脚跟的动作有助于增强小腿肌肉的力量，并提高身体的平衡性。

第十二式 折阴

扫码学习

一

接上式。左脚向前迈步，身体重心移到左腿上，右腿伸直，脚跟提起。与此同时，右手上撑至头顶上方，内旋左臂，使左手掌心朝后。

动作要点
右手上撑时，有拉伸身体之意。

吸气

二

身体后坐，右脚脚跟着地，右腿稍稍屈膝，左脚脚尖抬起；同时右臂外旋并向身前落下，与肩同高。

呼气

三

左脚撤回，与右脚平齐，双腿稍稍屈膝的同时，双手抬向身体两侧，与肩同高，掌心向上。

吸气

四

双腿伸直,双臂向身前水平抱圆。

五

呼气

上身前俯,双手也跟随探向前下方,指尖垂下,手臂伸直。眼睛看向下方。

六

双腿蹲下,双手抱圆。眼睛看向双手之间。

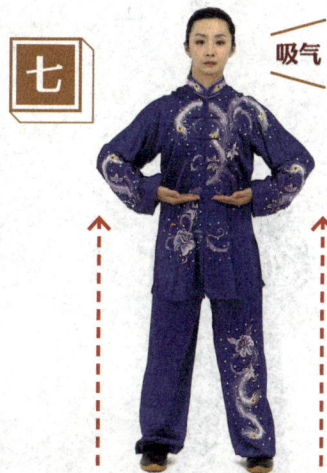

七

吸气

双腿伸直站起,双手上托至与脐同高。眼睛看向前方。

八

内旋双臂,使双手掌心朝下。

九

双手下放,自然贴向身体两侧。

进行右式动作,即步骤一至步骤九的右式动作,右式与左式动作相同,方向相反。

功理作用: 摆臂和双手的上撑下按,能深度活动肩关节,使肩部更灵活。前俯、下蹲能活动腰椎,并刺激内脏,强化内脏功能。

收势

扫码学习

吸气

一

接上式。双臂内旋,使掌心朝后,且双臂保持稍稍弯曲,向两侧上抬,大臂与地面夹角约为 45°。

呼气

二

三

双手向身前抱圆,然后双手再收向腹前,双手距离约 10 厘米。

动作要点

身体重心稍稍向前倾。

双手收向腹前,左手在外,右手在内,虎口交叉按在肚脐上方。

四

双手贴腹部,横向摩运到身体两侧,再向下按掌至髋部两侧。

动作要点

摩运速度慢一些。

五

双手自然贴向身体两侧。

六

左脚收向右脚,与右脚并拢站立。眼睛看向前方。马王堆导引术功法套路演练完毕。

功理作用:通过调整呼吸,帮助身体放松,平稳地从练习状态过渡到日常状态。